在公司内部举行的"中国梦·我们的价值观"巡回宣讲

公司举办"中国梦·小康情"百姓宣讲比赛

山东省"中国梦·党在心中"百姓宣讲团在公司巡回宣讲

公司举行
"中国梦·党
在心中"百姓
宣讲比赛

山东省百姓宣讲员、公司员工走进省国资委进行巡回宣讲

公司举行
"中国梦·新
时代"百姓宣
讲比赛

基层单位举办"中国梦·新时代"百姓宣讲比赛

基层员工参加"山东省演讲大赛"

公司举行"中国梦·新时代·祖国颂暨建功魅力山钢"百姓宣讲比赛

共和国钢铁脊梁
——庆祝新中国成立 70 周年主题出版工程

钢铁工人的中国心中国梦

山钢股份莱芜分公司党委宣传部　编

北　京

冶金工业出版社

2019

图书在版编目（CIP）数据

钢铁工人的中国心中国梦／山钢股份莱芜分公司党委
宣传部编 . —北京：冶金工业出版社，2019.9
（共和国钢铁脊梁：庆祝新中国成立 70 周年主题出版工程）
ISBN 978-7-5024-8259-6

Ⅰ . ①钢… Ⅱ . ①山… Ⅲ . ①钢铁企业—工业企业
管理—成就—莱芜 Ⅳ . ① F426.31

中国版本图书馆 CIP 数据核字（2019）第 197947 号

出 版 人 谭学余
地　　址　北京市东城区嵩祝院北巷 39 号　邮编　100009　电话　（010）64027926
网　　址　www.cnmip.com.cn　电子信箱　yjcbs@cnmip.com.cn
策　　划　任静波　责任编辑　夏小雪　美术编辑　彭子赫　版式设计　彭子赫　孙跃红
责任校对　卿文春　责任印制　李玉山
ISBN 978-7-5024-8259-6
冶金工业出版社出版发行；各地新华书店经销；三河市双峰印刷装订有限公司印刷
2019 年 9 月第 1 版，2019 年 9 月第 1 次印刷
169mm×239mm；17.75 印张；2 彩页；205 千字；271 页
64.00 元
冶金工业出版社　投稿电话　（010）64027932　投稿信箱　tougao@cnmip.com.cn
冶金工业出版社营销中心　电话　（010）64044283　传真　（010）64027893
冶金工业出版社天猫旗舰店　yjgycbs.tmall.com
（本书如有印装质量问题，本社营销中心负责退换）

编辑委员会

主　　编　许家明

副　主　编　苏加庆

责任编辑　张成德　于泉友　许　兵　王玉军

　　　　　　刘佳宝　张亚杰　马晶晶　栾长河

前　言

　　为持续推动习近平新时代中国特色社会主义思想往深里走、往实里走、往心里走，努力营造不忘初心、牢记使命，为实现中华民族伟大复兴的中国梦不懈奋斗的浓厚氛围，山钢股份莱芜分公司结合企业改革发展实际，把握正确导向，创新方式方法，连续多年开展了"中国梦"系列宣讲活动，形成了独具特色的理论宣讲品牌。

　　在"中国梦"系列宣讲过程中，公司注重把握正确方针政策，组织干部职工真情讲述对党的理论和路线方针政策的理解认同，讲述对全面建成小康社会的美好向往，讲述企业发展变化，充分展示广大干部职工在党的领导下团结一致爱党护党信党、听党话、跟党走的信心和干劲，坚定中国特色社会主义道路自信、理论自信、制度自信、文化自信，建成小康社会、奋力实现中国梦的精神风貌。发动广大干部职工用"百姓话"化"繁"为"简"，用"身边事"化"虚"为"实"，用"身边人"化"远"为"近"，引导职工群众从小故事中感悟大道理，引起强烈共鸣。公司连续多年在全省"中国梦"系列百姓宣讲比赛中获得佳绩并荣获了优秀组织奖，十几名职工被聘为省级百姓宣讲员并参加了全省巡回宣讲。

为着力营造庆祝新中国成立 70 周年浓厚氛围，有效扩大"中国梦"宣讲活动效果，更好地提升公司宣讲品牌，现将山钢股份莱芜分公司成立以来组织的"中国梦·参与改革见证改革""中国梦·我们的价值观""中国梦·小康情""中国梦·党在心中""中国梦·新时代""中国梦·新时代祖国颂暨建功魅力山钢"等宣讲比赛的优秀故事类作品结集出版，供大家学习参考。

由于水平有限，编辑过程中难免有不足和疏漏之处，恳请读者批评指正。

编　者

2019 年 9 月

目　　录

中国梦·参与改革见证改革

中国梦·我们的价值观

中国梦·小康情

中国梦·党在心中

中国梦·新时代

中国梦·新时代祖国颂暨建功魅力山钢

中国梦·参与改革见证改革

微电影背后的故事

2014 年，公司举办了"最美莱钢人"微电影大赛，我也接到了拍摄一部微电影的任务。面对"最美莱钢人"这五个字，我陷入了深深的思索，到底什么样的人才可以被称为最美的莱钢人呢？这时，有同事对我说："拍拍许子海吧，他可是我们的许三多。"对，许子海！这个多次获得"莱钢劳模"和有着"莱钢金牌职工"称号的同事背后，到底有着怎样的故事呢？我找到了许子海，想跟他聊聊工作以来的那些事儿，这一聊，我听到了一个懵懂少年将自己的梦想融入到莱钢的改革发展之中的圆梦故事，听到了一个默默无闻的学徒工成长为设备专家的励志故事，每一次光荣绽放的背后，都诉说着一名普通职工对职业的热爱，涌动着不懈追梦的澎湃激情……

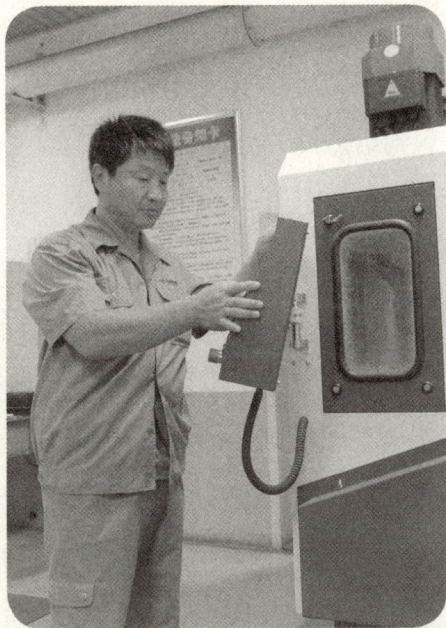

1988 年许子海到莱钢参加工作时，才刚刚高中毕业。厂里让他选工种，小许寻思着当工人还是得学门技术，就选了维修。那时，18 岁的小许梦想很简单，就是"会干活儿"。的确，对有点儿维修基础的他来说，不算啥高要求。可现实还是给了他当头一棒，没有"三维空间"概念，听不懂专业术语，甭说画图纸了，光看图纸就是一头雾水。他借了一堆专业书，硬啃，啃不动时就到处问。后来慢慢看懂图纸了，开始想动笔，用的还是比着葫芦画瓢的笨办法。满三年出徒时，他画出了工作生涯中第一张所谓的"图纸"，拿给他最崇拜的赵师傅看，人家没吭声，直接用笔给圈出了七八处毛病。第二稿，又挑出了两三处。等看到第三稿，赵师傅说了句"行了，你可以出徒了"。也怪，打那以后，小许觉得自己好像有了透视眼，看一眼设备就能想到内部的结构和备件。

1998 年，品质保证部开始对莱钢股份公司内各单位的理化检验系统实施统一管理，维修任务骤然加大，工作突出的许子海被调入了设备安全科。从此，他陆续担负起 38 个取制样点、500 余台价值 1.2 亿元的机械设备的维修与管理任务，每一台新设备的布置、地基图设计、安装、调试、验收、培训及售后维修服务等工作都亲历亲为。小许的梦想开始从"会干活儿"延伸到"干好活儿"。许子海给每台设备都建了个"病历"，一台设备，从安装、使用再到维修，中间闹过啥症候，换过啥零件，遗留了哪些问题，有手写的文字，有打印的资料，有拍摄的照片，都是活页，随时添加补充，全部记得清清楚楚。

那一年，莱钢群众性经济技术创新工程开展得如火如荼，大力鼓励职工开展实用技术创新和小改小革。许子海写了人生第一个技术创新成果——《光谱磨样机的磨盘改造》，获得了部内三等奖，从此以后一发不可收拾。大到大型切割机的改造，小到专用夹具的加工，许子海开始总结整理自己的所作所为、所思所得，写论文、出成果、报专利，多年下来，竟然获得了 8 项国家实用新型专利，发表各类成果、论文100 余项（篇）。如今，许子海的设备档案已经积累了厚厚的 42 本。

机会总是垂青有准备的人。2000 年，小许参加了莱钢高级工离岗培训，《机械制图》《液压设计》……全是他梦寐以求要学的课程。他每天提前半小时到校，4 个月没白没黑地学，到毕业时整整瘦了 10 斤。2004 年，莱钢第一届 Auto CAD 绘图软件培训，品质保证部破格给好工人许子海报上了名。用惯了尺子、铅笔和图板的许子海第一次接触电脑制图，彻底迷糊了，但在老师的鼓励下，他还是坚持了下来。靠着这股韧劲儿，他又把"CAXA 认证创新设计师""全国计算机绘图师"等"硬本本"一一收入了囊中。

2002 年，许子海成为了莱钢首批"优秀技能人才"中的一员，并一直保持至今。仅 2013 年，许子海就维修设备 200 余台次，改造通风系统 6 套，绘制图纸 360 余张，加工各种非标备件、夹具等 89 件套，节约外委费用 60 余万元。

28 年过去了，当年那个看不懂图纸的学徒工已经成长为莱钢首屈一指的维修专家。"想学就有机会、想干就有舞台、干好就有前途"，许子海这样总结自己的光荣绽放，直言是莱钢改革发展的好机遇和"不拘一格降人才"的用人机制为自己创造了人生的出彩机会。

许子海的故事讲完了，我的心情却久久不能平静。剧本的创作一气呵成，筹备、拍摄、剪辑、播出，最终以许子海为原型的微电影作品《热爱》感染了每一个看过的人。这是一个平凡人的故事，但正因为他心怀梦想并为之奋斗，所以才那么让我们敬佩。习近平总书记说过："有梦想，有机会，有奋斗，一切美好的东西都能够创造出来。"面对着新一轮的国企改革，我们年轻的职工，唯有心怀梦想和热爱，像许子海一样，干一行、爱一行、专一行，把个人的成长成才融入到企业改革的洪流之中，才能为自己、为企业、为国家创造更加美好的未来！愿我们每一个人都梦想成真！

马晶晶（品质保证部）

三代女人的钢铁梦

　　傍晚的时光总是被这样定格：一位老态龙钟的婆婆，拄着拐杖，伫立在山坡上凝望，周围厂房耸立，高炉巍峨，推开记忆的门，她仿佛看见年轻的自己，双脚正踩在石灰里，耳边建设钢铁电炉的号子一浪高过一浪："大干三十天，拿下炼钢一车间"。

　　这位老人就是我的姥姥，她出生在 1929 年莱芜黄羊山西峪的山套子里。老人一提起这个地方就摇头："这是个连兔子都不拉屎的地方"。1965 年，根据毛主席"三线建设要抓紧"的指示，按照"靠山、隐蔽、分散"的建厂原则，莱钢 1.5 吨小电炉就选址在姥姥家的村子里。当时 37 岁的姥姥听到这个消息，撇下孩子，撂下锄头，第一批报名参加了建设大会战。她双腿被石灰烧出了血，止血布条和肉长在一起，她就咬着牙硬生生把布条撕下来，毅然坚守在工地现场。在竣工表彰会上，姥姥作为代表发言，她说："俺们就是一门心思的想多炼钢水，支援祖国建设"。会上给姥姥颁发了一个写着"社会主义优秀建设者"的搪瓷缸子。她舍不得用，用红布盖起来，成了家里最珍贵的物件。

　　1970 年，莱钢建厂招工，妈妈由一个甩着大辫子的姑娘成为了一名钢铁工人，但企业却在阶级斗争的缝隙中，艰难地徘徊着，工程时建时停，生产断断续续。那个时候两代女人在自家天井里，惆怅地聊着："生产啥时候正常呦？"

　　1978 年，我国开始实行改革开放，国民经济快速发展，钢铁需求量大大增加。设备上马，厂房新建，钢铁工人脸上的愁云暗淡一扫而光，妈妈这个 20 吨电炉上的浇注工逐渐忙碌了起来。这是一个烟熏火燎、又脏又累的苦行当，钢水的温度高达 1200 摄氏度，腿被烤得火辣辣的疼，汗珠顺着发梢不住地向下流，但妈妈从不喊累。因为她有着和所有莱钢人一样的梦想，就是企业尽快扭亏为盈。为此，他们无怨无悔，涌现出了冒着生命危险抢救一炉钢水的全国劳模赵继俊，涌现出了创新成果填补国内空白的行业状元李绥祖，这极大地鼓舞了大家的士气。

　　终于，历史划出了一道上升的弧线，1983 年，莱钢扭亏为盈的消息像长了翅膀一样传遍了十里钢城。1990 年，莱钢利用亚行贷款进行改扩建，我们登上了国家利用外资进行技改的第一趟班车。1992 年，邓小平南巡时的讲话结束了股份制的争论。1997 年，莱钢上市了。2002 年，莱钢新上了一台全省最大的合金钢连铸机，"浇注工"成为了历史名词，妈妈在新的岗位上干得不亦乐乎。2005 年，莱钢登上了千万吨钢大台阶，跨入全国十大钢行列，听到这个消息，我想："要是

能回到莱钢上班该有多好啊"。

2008年8月，我大学毕业后如愿以偿，成为了莱钢50吨电炉连铸车间的一名技术人员。恰逢山钢集团重组成立，企业正如火如荼地进行转方式、调结构改革，车间也成立了全面市场化降本增效攻关组，并让我承担成本核算的重担。同事曾顾虑：这项攻关对创新能力的要求很高，她大学刚毕业，经验不足，现场环境又差，一个女孩能行吗？为了消除大家的顾虑，我默默地投入到工作中。我曾爬上20多米的平台，连续7个小时检查钢水液面自控系统电机运转和螺杆伸缩情况；记录了上万个结晶器水流量和水压力的数据，分解指标170余项，每年创造经济效益150万元。我完成了复杂的创新性工作，得到大家的认可。2011年深秋，莱钢100吨大电炉开工建设，这是莱钢的希望工程。在这个项目建设中，继续我的追梦之旅，同事们夸我"真是个钢铁女汉子"！

半个世纪，莱钢从1.5吨电炉到20吨、50吨，再到100吨大电炉，从年产几万吨钢到千万吨钢，这不是简单的数字递增，这是企业创新

发展、转型升级的体现，这是强企梦、中国梦的缩影。沐浴在改革开放的春风里，三代女人的钢铁梦一步步变为现实。我将和所有的钢铁人一起，把做大钢铁的新梦想在传承中飞扬，在奋斗中做强！

吕 娟（特钢事业部）

一路走来　有梦相伴

改革很大，似乎离普通百姓很远；变化却很具体，具体到我们每一个人都能切身感受。

我们的故事还要从 1978 年说起。1978 年，对我们家和我父亲来说，是具有转折意义的一年：这一年，因为征用土地建设矿山，父亲被招工了，走出农村，成为一名工人。

那年月"当工人"可是一件非常荣耀的事！是啊，昨天还是面朝黄土背朝天、一个汗珠子摔八瓣的庄稼人，今天就穿起了工作服，吃起了"国库粮"，那种幸运真不敢相信，做梦都要偷着笑哩。

可眼下却有了一个困难：单位离家十多里，每天怎么去上班呢？

父亲被招工时，我和哥哥都满地乱跑了，家里的事儿一大堆，他是当家人，自然不能像单身小伙子一样住宿舍、吃食堂，只能家里班上两边跑。没有别的办法，父亲只得早起晚眠、披星戴月、风里来雨里去地将那十多里地用脚一遍又一遍地丈量。

那时候家里最大的梦想就是有一辆自行车了。苦熬苦攒了好几年，父亲终于推回了一辆崭新的"大金鹿"。那天，我们全家比过节还高兴：母亲用红色塑料胶纸将车把、车身缠得严严实实，辐条上也缠上两个红绒球，车轮子一滚，两个绒球像两团跳动的火焰，非常喜庆。我和哥哥兴奋地让父亲用自行车驮着转了好几圈，心里美得像喝了蜜一样。

岁月过得飞快，转眼到了1989年。这一年，我和哥哥都到镇上寄宿读了中学。母亲要种田，父亲要上班，还抽空到学校给我们送饭，实在是忙不过来，有一辆摩托车就成了家里最大的梦想。等父亲把摩托车骑回来的时候，邻居们也都来瞧稀罕，可不是吗，这可是我们村第一辆摩托车呀。我们家的摩托车多漂亮啊！鲜红的车身，太阳一照鲜亮地晃人眼；两个圆圆的后视镜像两只明亮的大眼睛。母亲将两条红绸带缠在后视镜上，摩托车开动起来，绸带飘飘扬扬，别提多潇洒了！哥哥性急地要试着骑一圈，父亲眼一瞪："小兔崽子，快下来，弄坏了饶不了你！"摩托车买回来不久，邻居有个小青年眼馋心痒就来借，父亲支吾了半天，终于说出来一句："你到底有啥事？你骑它还不如骑上我哩。"现在说起这事，我们还笑得前仰后合。

车轮滚滚，日月如梭，转眼就到了1993年。这一年我如愿考上了技校，父母本来是很高兴的：家里有余粮，手里有一些活钱，女儿将来的工作也有了保障。但他们还操心我哥的前程，我哥不是读书的料，工作怎么办？正好矿上有顶替招工的指标，父母兴奋异常：这小子走

这一步也好啊！他们老两口最大的梦想不就是一双儿女都能走出农村，有个稳定的工作嘛。没想到我哥志不在此，他明明白白地告诉父亲："我不去，辛辛苦苦一个月就挣那两个钱，我也受不了那个约束，我要自己做买卖。"父亲勃然大怒，桌子敲得山响："人家想当工人都当不上，你还不去？吃几碗干饭得好好掂量掂量，等赔得穿不上裤子了，别说我没劝过你！"母亲急得都流了眼泪，七大姑八大姨都被请来当说客，无奈哥哥"油盐不进"，铁了心思要做买卖。最终父母没拗过他，支援了他一些钱。哥哥于是在镇上租了店面、雇了店员、买了三轮、设了摊子，做了自己的老板，忙得不亦乐乎。

现在回想起来，那年正是邓小平南巡讲话后的第二年，商潮已滚滚而来，只是我们在封闭的农村并没有感受到。哥哥却阴差阳错地赶上了潮头。后来哥哥不但没"赔掉了裤子"，还干"大"了。2000年，他就开上了价值不菲的小轿车。小轿车开回来的时候，哥哥的骄傲和荣光写在了脸上。父亲早放下过去的偏见，却还是板着脸说哥哥："你小子能有啥能耐？还不是赶上了国家的好政策。"

　　时间走到了今天，汽车早已开进了千家万户。跟孩子说起我们小时候的事，他们会觉得不可思议，可那些伴随我们成长的家庭梦想和所经历的酸甜苦辣却仍然历历在目。

　　从父亲那一辈争着抢着做梦都要当工人，到哥哥选择自己创业；从家里买第一辆自行车攒钱的艰辛到家用轿车都更新换代了，这几十年时间里我们家一路走来，有欢乐，有艰辛，也有许多的故事。它不光是一段历程，更是一种见证，它见证了经济的发展、社会的进步，更见证了人们思想观念的改变和最普通老百姓生活水平的提高。

　　其实不光我们家，你们家、咱们千千万万家，不都是这样大同小异、欢欢喜喜、有梦相伴、一路走过来的嘛。

王艳丽（能源动力厂）

薪火相传的强企梦

今年 75 岁的孙洪昭老人是莱钢第一代"铁运人"，建厂初期，就从路局调到了运输部。那时，大会战的硝烟尚未完全散去，人们建三线、固国防，备战备荒的意识很浓，莱钢作为典型的三线企业，"靠山、隐蔽、分散"的布局完全是出于战时考虑的，但却对生产极为不便，铁运的重要性从一开始便凸显出来了。当时，只有编组站一个站场，值班室、扳道房、道口房遥遥相望，星罗分布在铁路沿线。每个扳道房管辖的道岔区域前后有 100 多米的距离。当时条件非常艰苦，被戏称为"鬼推磨"的手扳道岔、指挥火车的手提信号灯和联络用的磁石电话机是运输作业的"老三件"。每天，扳道工和铁路边矮小的扳道房一起，守望着来来往往的列车，犹如一幅黑白相间的水墨画。日月穿梭，斗转星移，无数个日夜里，他们扳动着沉重的道岔，改变着一趟趟列车运行的轨迹，也见证着莱钢的发展与变迁。当时孙师傅的工作就是维修这些道岔。尽管条件艰苦、技术落后、岗位平凡，但他一干就是二十个年头，心中对于寄望莱钢改革发展的情怀、对铁路现代化的渴望、对企业强大的期盼也从未改变。

孙师傅退休了，但他的梦想在徒弟乔田涛身上延续。20 世纪 90 年代初，莱钢在改革大潮中迎来了发展的春天，实施了一系列改扩建工程，

形成了年产 200 万吨钢的生产能力。乔田涛恰好赶上了这样的好时机，总图运输改扩建引入了微机联锁系统。站场上再也看不到扳道员忙碌的身影，取而代之的是电动道岔。在干净、舒适的值班室内，轻轻点击鼠标，只需几秒钟就开通了一条列车行进线路，安全又可靠。

2003 年，做强做大莱钢的改革战略实施，钢铁站信号联锁设备进行升级改造，为了加快效率、抢夺时间，乔田涛和工友一道，先后 7 次优化改造方案，并全程"钉"在施工现场，创下了 700 根电缆割接无差错的记录。莱钢达到千万吨钢规模的那一年，也是乔师傅的大婚之年，这场拖了很久才举行的婚礼更像是三年激情跨越的完美收官，诠释着一代铁运人对改革的投入、对发展的渴求和对企业的忠诚。

　　2013 年，特钢 100 吨电炉铁路建设开工，乔田涛的徒弟张赞主动请缨加入其中。这全新的联锁系统利用集成模块为设备"瘦身"，在微型化、低功耗和高可靠性方面又迈进了一大步；进路式道口报警，能够根据微机联锁信号控制铁路道口自动报警，提高了道口设备安全性；先进的远程控制方式，即使信号员身处其他站场，也能实现本站信号的快速开放……望着向远方延伸的铁路线，张赞深情地说："这里的每一个箱盒、每一处接线、每一个螺丝都是我们亲手安装上去的，就像一位家长，陪着自己的孩子慢慢长大，看着它的羽翼日益丰满。在这个过程中，我们开始渐渐地读懂了我的师傅和前辈，学会了忠诚和敬业，明白了责任和担当，更加深刻地理解了'改革，源于梦想；改革，始于责任'的道理。作为青年一代，我们承担着时代赋予的历史使命，肩负着莱钢的未来与希望，我们要让父辈们的强企梦薪火相传，用青春和热情在莱钢铁运史上留下浓墨重彩的一笔。"

　　四十多年的铁路改革变迁，数千个日夜的酸甜苦辣。时间如白驹过隙，日子就像隆隆滚动的车轮，近了又远，来了又去。回望历史变迁，四季轮回。昨日是影像，今日是当下，明日是迈步。如今，改革的号角再一次吹响，铁运人的神经又一次绷紧。改革是梦想与奋斗的碰撞，是方向与步伐的统一，是时间与实践的检验。在改革奋进的道路上，正是因为有强企梦指引方向，有你我的参与，有几代铁运人的不懈努力，才有了一个个梦想的完美绽放。我坚信，只要大家心往一处想、劲往一处使，就能汇聚起强大的正能量，就能在改革创新的道路上，锐意进取，托举起我们共同的强企之梦，迎来更加辉煌、更加灿烂的明天！

张爱华（运输部）

我们家的住房梦

我出生于 1985 年，是一个典型的 80 后。20 世纪 80 年代，中国刚刚改革开放不久，是一个物质生活与精神生活相对贫乏的年代。近 30 年来，我在成长中见证了改革开放的好政策，见证了祖国走向繁荣富强，见证了莱钢扭亏为盈、做大做强的发展历程，并真切地感受到了生活的日益富足和住房条件的不断改善。

我出生的那年，莱钢才刚刚甩掉亏损帽。1985 年生产经营稍有好转，但职工的生活条件和居住环境相对较差。听母亲说，那时，我们家租住在农村一个农户家，只有一间房，放下一张床、一个衣橱后所剩空间已是寥寥无几。每到做饭时，母亲都要与房东合用一间厨房。通常是房东做完饭，母亲才能做一顿简单的饭菜。小时候的我就是这样跟着父母住在这简陋的房子里，经济条件的拮据和家庭生活的不便可想而知。母亲梦想着：要是能拥有一间单独的厨房该有多好呀！

等我上幼儿园时，莱钢迈入了快速发展时期。父亲的工资由原来的几十元钱涨到了几百元，家中的经济状况渐渐好转。我们家也搬到了拥有两间平房的家属院内。我们终于拥有了一间小小的厨房，里面接入了煤气管道，做饭方便多了。我们全家人都为梦想的实现而无比欣喜。

等我上小学时，我的心中也有了一个小小的梦想，梦想有一天能拥有一间属于自己的房间，可以摆放自己喜爱的书籍，可以随心所欲地进行装饰。那时，莱钢又一次迎来了大发展，为我梦想的实现提供了机遇。进入20世纪90年代，莱钢适应市场形势，积极推行现代企业制度，重新启动了利用外资改扩建项目，拉开了股份制改造的序幕，企业规模不断扩大，经济效益稳步增长。由于企业内部实行按工龄分配住房的制度，我们家分到了一套三居室的楼房，有70多平米。搬进了崭新的楼房，我也实现了拥有自己单独卧室的梦想。每天坐在整洁的书桌前温习功课，我学习的劲头更足了，梦想着早日学有所成，为莱钢的发展贡献一份力量。

时光荏苒，日月如梭。2008年7月，我大学毕业顺利进入莱钢工作。当时的莱钢已经发展成为一家特大型国有钢铁企业，年产钢已达千万吨水平。我被分配到棒材厂，成为一名普通的发货员，每天在自己的岗位上辛勤忙碌着。经过十几年时间的冲刷，我们家原先的三居室已略显破旧，并且显得拥挤。我工作后，家里的经济条件得到了进一步改善，生活也富裕了。这时，我们全家人都有了一个共同的梦想，那就是能够早日购买一套大户型的住房。经过多次比较，我们买入了一套160平米的住房，四室两厅的空间宽敞明亮，父亲养的花终于可以全部安放在阳台上，母亲也不再抱怨厨房空间狭小。我们的居住环境和生活质量都有了很大幅度的提高。

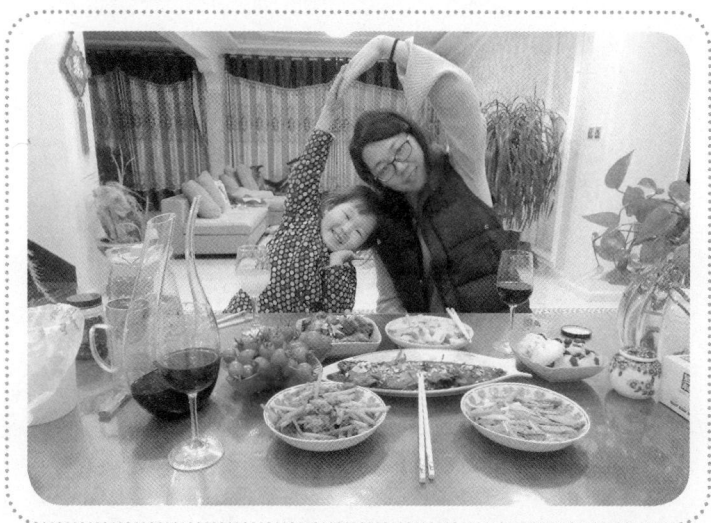

回首几十年走过的历程，我们家的住房梦是与强企梦、中国梦紧密连接在一起的。实现"我的梦"，是圆好企业梦的基石，实现企业梦又是共圆中国梦的有力支撑。这些都归功于改革开放的好政策，归功于企业的快速发展和壮大。如果没有祖国的繁荣富强，没有莱钢一路的发展壮大，我们家不可能从租房住到买上大房子，是莱钢给予了我们实现梦想的机会，这也是我一直以来感恩企业、奉献企业的动力源泉。在这里，我想由衷地说一声：我热爱我的工作，热爱我们的企业，更热爱我们亲爱的祖国，是他们给了我如今的幸福生活。我愿意在这里奉献我的智慧、我的青春，为企业的发展贡献我的绵薄之力。我将下定决心，时刻以饱满的热情对待自己的工作，努力学习，努力创新，激发自己的潜能，去实现更多的人生梦想！

高兰英（棒材厂）

时代变迁　青春相伴

　　我是 80 后，1987 年随父母从东北来到莱钢定居。2001 年我走进炼钢厂。

　　上高中的时候，曾跟随父母去过炉前岗位，印象中的炼钢是管理松懈，人浮于事，员工安全意识差，厂区环境混乱，摩托车、自行车乱停乱放，道路坑坑洼洼，下雨天时一片泥泞，油污比比皆是。妈妈嘱咐我，上班要带几个口罩，多带身换洗衣服，备上雨靴，防止地上坑坑洼洼看不清楚，一个不小心踩进去。

　　可我的准备没有用上。上班第一天，班中的老师傅带我们熟悉工作环境，转炉平台、拉钢平台一个个转下来，我忽然发现，我准备的那些完全用不上了。这不是我脑海中的钢厂。从一进厂房看到的整齐的备件区，阳光透过厂房折射到备件上反射出一道道光亮；到平整的地面，整洁的环境，工人师傅们各司其责，有条不紊的生产。眼前的一切让我感叹！老师傅边带着我们参观边说："你们现在可真是幸福，以前哪里有这样的水泥路面，一下雨到处都是泥巴。现在你们看，从前脏乱的厂区内都有了花花草草，我们这成了花园式工厂了。"

原来，一场以学习型组织理论引入为主的企业改革使炼钢厂发生了翻天覆地的变化。看着美丽的工厂，感受工友的热情、领导的关心，我开始爱上了这个企业。

当我还在为拥有和前辈截然不同的工作环境而沾沾自喜时，就又一次感受了改革发展带来的惊人变化。上班后，我的工作是为炉前和浇钢平台送小料，于是便和一线工人有了许多接触。那时候没有连铸工艺，钢水要先浇铸成钢锭。浇钢工人砌底板、摆模子，工作十分繁重，喝再多水也无法解渴！一位在连铸车间工作了10多年的老师傅，看到我每次送料都会站在浇钢平台上看工人操作，就跟我聊了起来。他说：浇钢是炼钢系统最原始的铸造工艺，落后的生产方法，高强度的作业流程，他们每天重复同样的工作。关键是钢水冷却成钢锭，到下道工序还需要加热、开坯，造成多大的浪费啊，要是能有连铸就好了。

是啊，落后的生产工艺和技术大大阻碍了企业的发展，工人们的艰辛与创造的价值之间无法划上等号。

2002年，改革的春风在莱钢掀起强烈的浪潮！在大力提升钢铁产能的时期，一线工人也迎来了新的天地。当年3月份，莱钢引进连铸机设备，进入铸坯连续生产状态，原来浇钢工高强度劳作的状态结束了，连续的生产方式也解决了出钢率低的问题。2004年莱钢取消模铸，实现全连铸。两年后，莱钢再次上大板坯连铸机。随后，炼钢厂从一个区到两个区再到三个区。这期间，莱钢迎来了攀登千万吨钢的高峰。

　　不仅生产发生了翻天覆地的变化，莱钢的环境也是日新月异。原来泥泞的道路和低矮的厂房不见了，取而代之的是一座座高大宽敞的厂房，处处是绿意浓浓。职工的生活越来越好，有车有房都已经普遍成为现实。夜晚的南湖广场，汶河公园，处处是载歌载舞的人们。正是因为改革，莱钢才能飞速发展，我们的生活才能发生翻天覆地的变化，感谢改革发展实现了我们的梦想。相信，有全体莱钢人的共同努力，莱钢在新一轮改革发展中将继续扬帆远航！

石　妍（炼钢厂）

踏着时代足音　献我无悔青春

1973 年,我出生在莱芜南部大山里,朴实的父亲给我取名叫"爱国",从小为我播下了一颗"爱国"的种子。他告诉我,能做到"爱国",人生就走不偏方向。

初中毕业后我就离开了学校,回家务农。每当傍晚,我望着远处城里的点点灯光,心中充满了向往:"好男儿应该志在四方"。我要走出大山,去外面看看。机会终于来到了我的身边,1992 年,我经过层层选拔,参军到了部队,成为了一名军人,开始了 12 年的军旅生涯。

我曾经是一名共和国的仪仗兵,100 多次代表国家、代表军队出现在阅兵场上,接受各国领导人的检阅。从 20 世纪 90 年代开始,中国

改革开放的步伐逐渐加快，常有不同国家的首脑到访，洽谈国际贸易，建立友好关系。每当军号响起，仪仗队威武整装，我国领导人意气风发地接待外宾的庄严时刻，我都能够深深地感受到祖国的发展、强大，作为一名中国人，作为一名中国的军人，我是多么的骄傲！

国家的繁荣，带来了军人地位的提高，每月津贴从 19 元增加到了 500 多元，我的工资也增长到近 2000 元，每月都能往家里寄一部分钱。

铁打的营盘流水的兵，2004 年我离开了奋斗了 12 年的军队，拿到了五万元的转业费。可是接下来，我该何去何从？

回到家乡的我，眼看着农村也在发生着巨大的变化。改革开放给农村带来了许多机会，周围的小伙伴们通过外出求学、打工、创业等途径，纷纷踏上了致富路，村里的房子也由原来低矮的小土房变成了敞亮的大瓦房，大家的吃穿住行都发生了天翻地覆的变化，有的人已经买上了家用轿车，昔日的小山村变得热闹起来。这一切都告诉我，我们改革开放的步伐无比坚定，我一定能够跟随这有力的步伐过上幸福生活。

机会再一次来到我身边。2004 年，中国经济快速发展，钢铁产业沿着国家宏观调控方向大踏步前进，莱钢也迎来了重要发展机遇，在 2003~2005 年期间，莱钢的产能从 200 万吨提高到 1000 万吨。莱钢的扩建给了我宝贵的就业机会。通过考试，我有幸成为莱钢的一员，参与到了莱钢的发展建设之中。这让我再一次成为村里小伙伴们羡慕的对象。周围的朋友开玩笑说："爱国你行啊，赶上好时候，当了工人，找媳妇也不愁了！"在大家眼里，有了固定的工作，就端上了铁饭碗。上班一年后，我当上了班长，工资年年增长，工作也越来越带劲。很快，我娶了温柔贤慧的妻子，生了乖巧懂事的女儿，小日子过得红红火火。

　　随着企业的扩建，高科技和自动化设备大批上马。2006 年 11 月，焦化厂建成 3 号管带机，这是莱钢的又一条输焦生命线。3 号管带机采用世界首创的"赫格隆液压马达头尾双驱设计"，全部设备是瑞典原装进口。自动化水平在当时可以说是拔尖的。设备自动化程度的提高，也对企业人员的知识储备提出了更高的要求。我和同事们常常加班加点研究这些"洋设备"，通过培训学习和实践摸索，渐渐积累了设备操作和维护的经验。如今，这台管带机已安全运行了七年半的时间，皮带的使用寿命已超出设计寿命两年半的时间，创造直接效益 1000 余万元，并且每天仍在创造着 1 万余元的效益。2014 年年初，我们团队又提出了"管带机皮带使用寿命再延长一年，为莱钢降本增效做贡献"的新愿景，并一直在为这一愿景努力着。

　　伴着改革开放一路走来，我从一名山里娃，成长为一名共和国的仪仗兵；伴随着企业的改革发展，我又成长为一名钢铁工人，作为基层党员代表，积极作为，为企业发展献计献策；我在城里安了家，房子由小变大，工资收入也芝麻开花节节高。这些都是改革开放带来的。幸运的我踏着改革开放的足音，一步步成长，青春年华无怨无悔！

刁爱国（焦化厂）

圆梦的时代歌儿最美

"……继往开来的领路人，带领我们走进新时代，高举旗帜开创未来……"每当听到《走进新时代》，我就会想起多年前爸爸妈妈的那个梦想：退了休，一家人开着自家的小车驰骋在宽阔的大马路上，马路的这头是美丽的十里钢城，马路的那头连着阔别已久的故乡……

我的老家在日照岚山，那是一个面朝大海春暖花开的地方。如果不是因为爸爸工作的原因，也许我就是一个地道的"海的女儿"。爸爸1975年参加工作，1982年调入莱钢。爸爸说，第一代莱钢人是踩着满是杂草的土路背井离乡来到这里，披星戴月地把三面山岭一面坡的荒野一点点给砌成了现代化的厂房。但因生产不配套、布局不合理，连年亏损。面对困境，1983年莱钢发出了"全厂齐动员，奋战八三年，甩掉亏损帽，开创新局面"的动员令。全厂上下行动起来，当年盈利110万元。莱钢结束了年年亏损的历史。

大门不出二门不迈的老妈通过书信了解到莱钢的变化，便忍不住要到莱钢来看看。1983年，妈妈带着只有5个月大的我踏上了莱钢之旅。80年代的道路交通比现在要差了十万八千里，每天仅有的一班从日照到莱芜方向的客车还是凌晨5点就要发车。为了能够挤上这班车，妈妈凌晨3点起床，是大舅摸着黑深一脚浅一脚地把妈妈护送到了离家16里地以外的车站。这期间妈妈还需辗转三次。因为很少坐车，一路的颠簸、晕车、调向让妈妈饱受了折磨。终于到了莱钢，终点却距离爸爸宿舍还有 20 里地。幸好爸爸托人借了一辆自行车，早在终点站等候我们了。就这样，200 里的路程从凌晨 3 点走到了夜晚 9 点，整整用了 18 个小时。30 年过去了，每每回忆起这第一次到莱钢的经历，妈妈的表情中还是透着一丝丝难忘的酸楚。

后来，美好的生活冲淡了酸楚。在用掉亏损帽的同时，让莱钢人振奋的事情接踵而至。1985 年的莱钢已盈利突破了 1000 万。职工们的收入也开始有了较大涨幅。到 80 年代末的时候，老爸每月就能达到百十元了，那是老家很多叔叔大爷辛苦半年才能挣到的钱。随着工资的渐涨，生活质量也不断地提高。在 1988 年我们家有了第一辆交通工具——永久牌大梁自行车。从此，去城子坡赶会，去特钢走老乡，都有它的相随。而坐在爸爸的自行车上，也成了我童年一段美好的回忆。

　　在改革开放的春风里，莱钢鼓起风帆，破浪前行。90年代，莱钢开始了多个改革试点。不仅迈出了股份制改革的第一步，而且成功上市。莱钢进入了发展的新时代，越来越多的人知道了莱钢这个企业。莱钢的发展又迈上了新的台阶。莱钢效益越来越好，老爸的工资收入也越来越高，家里的大梁自行车光荣下岗，代替它的是一辆崭新的五羊摩托车。有了摩托车，我们一家能去的地方就更多了，选择的范围也更大了。交通的便利极大地提高了我们全家的生活质量。

　　当21世纪的钟声敲响的时候，每一个人都怀着对新千年梦想的憧憬。我也带着这份梦想在中型型钢厂，光荣地成为一名莱钢职工。上班的第一个月就领到了800多元的工资！进入2000年后，职工的工资开始较大幅度地上涨，我们这个小家庭也在2006年买上了第一辆私家车——捷达春天。有了私家车，不仅能遮风挡雨，节假日还能带着父母回老家探望亲人，周末带着孩子去野营，生活再便利不过了。

时光荏苒，到了 2013 年，老爸退休了，带着他对企业的那份忠诚和责任，完成了他 40 年的工作使命。退休后的老爸衣食无忧，每月光退休金就有 5000 多块。我们总是戏称他为半万户。日子一天天奔向了小康，曾经父母回老家住洋房、开小车的梦想照进了现实。2013 年，老爸如愿以偿地在老家买了一套 120 平米的商品房。作为温居的礼物，我们送给老爸一辆老年代步车。

40 年的时间，爸爸从月工资十几块钱到现在的几千块钱；从过去回老家要排队走一天的路，到现在开着私家车一路高速才 3 个小时；从过去一家人挤一间宿舍，到现在四室两厅的大房子……是国家的改革、企业的改革带给我们的福利。

"……继往开来的领路人，带领我们走进新时代，高举旗帜开创未来……"在改革开放的大潮中，莱钢人勇立潮头，经历了一轮又一轮大浪的洗礼。莱钢人的视野开阔了，思想开放了，观念更新了，素质提高了！一条康庄大道正从莱钢人的脚下延伸到更美好的未来。伴随着共和国的开放和发展，常年驻守在山窝窝里的莱钢人已经和世界接轨，与未来接轨，以前所未有的底气和魄力迎接更加美好的明天。

刘 平（型钢厂）

中国梦·我们的价值观

甜蜜的事业　幸福的追求

18 岁那年，我到一位女同学家里玩，听说她的哥哥已经过了谈婚论嫁的年龄却还没有对象，一家人正在发愁。我立马就想到一个远房姐姐和他挺般配的，于是我就给他们说和起来。事情也是出乎意料的顺利，两人一见钟情，现在他们的孩子已经 15 岁了。就是这桩姻缘，让我萌发了做红娘的梦想：让天下有情人终成眷属。

2001 年，我来到莱钢，成为一名钢铁工人。莱钢远离大城市，加上钢铁企业男同志多，女同志少，很多男青年都快 30 岁了，还没有成家。尤其是那些老家在外地的，找对象更成了老大难，也给企业带来了一些不稳定因素。看到这种情况，我觉得实现我的红娘梦就更有意义。

2012 年，型钢炼铁厂一名大龄青年 35 岁了还没有成家，他的父母非常着急，老人家着急地找到我，让我给他儿子介绍对象。我一年内先后介绍了 15 名女生都没有牵手成功，小伙子很沮丧，我也感到了压力。但当我看到他那渴望爱情、渴望幸福的眼神，我又暗下决心，难度再大也要促成这桩姻缘。有一天晚上，本来约好了时间安排他与一位女同志见面，天却下起了雨，可老公还在厂里加班，4 岁的女儿没人照顾。犹豫了一下，我还是带着女儿去安排相亲。功夫不负有心人，经过两年的谈情说爱，两个人终于步入婚姻的殿堂。婚礼当天，他的父亲眼含热泪，握着我的手说："晓红啊，你是我们家的大恩人，我们一辈子忘不了你……"那一瞬间，我觉得人与人之间的真诚友爱、互相帮助是最温暖人心的，我的付出是值得的。

前些年，莱钢来了很多外地大学生，他们举目无亲，人生地不熟，更需要我的帮助。我曾经介绍过一名江苏农村来的大学生，他对莱钢

当地的风俗习惯也不清楚。我帮他们牵手成功以后，就自告奋勇充当起男方的亲人来主持操办他的婚礼，给新娘留下了美好的记忆。除了说媒，我还充当"家庭调解员"。经我介绍的夫妻有的闹矛盾了，一个电话，我就及时赶过去细心劝解，夫妻最终和好如初。十几年来，我先后调解家庭矛盾上百起。

当红娘就是别人对我最大的信任。除了帮助离异家庭重拾追求幸福的信心和勇气，我还特别关注孤寡老人晚年的幸福生活。我曾经把一位 64 岁的阿姨介绍给一位 68 岁的大叔。老人再婚压力大、阻力多，当时男方家的孩子并不接受这位阿姨，经过我十多次上门耐心地做工作，两位老人才走到了一起。一次，大叔突发脑溢血，被阿姨紧急送往医院，幸亏抢救及时才捡回了一条命。自此，男方的子女才彻底接受了这位阿姨。这些年，我帮助 20 多对离异家庭和孤寡老人重新组成了新的家庭，每当看到他们重新找到幸福，我的心中就有一种莫大的欣慰。我觉得我做的事对家庭、对企业、对社会都非常有意义，可以提升家庭的幸福指数，促进企业、社会的和谐稳定，这也正是我追求的人生价值。

　　我自己的家庭很幸福，我也希望人人都能有一个幸福美满的家庭。近20年来，我作为原料班的班长，在带领班员出色地完成本职工作的同时，一直把给单身青年"牵红线""搭鹊桥"作为自己甜蜜的事业来追求。利用业余时间，共安排相亲达6000余人次，交友信息记了满满的五大本，有70多岁的老人，有博士生、研究生，还有大龄外地职工。先后成功撮合了400余对"鸳鸯"，成了大家心目中的"第一红娘"。后来我把自己家的车库装扮得焕然一新，购置了家具，成立了"莱钢红娘"李晓红会客室，免费为单身朋友们提供见面、约会、交流、喝茶、交友的场所。现有单身会员400余人，我又根据他们的年龄分别建立了五个单身交友群，仅2015年就成功牵手47对！涓流成海，大爱无疆。做红娘让我体会到了成人之美的快乐，懂得了追求幸福的意义。在这个甜蜜的事业追求中，我希望我是一个有用的人，更希望我是一个有价值的人。手牵手伸援手，心连心献爱心！

李晓红（特钢事业部）

家风化雨　润物无声

家风是一盏灯，指引我们前行的方向；家风是一条线，规划我们前行的道路；家风是一面镜，映射我们内心的修养。

都说家庭是社会的细胞，但每个家庭的组成人员不同，风气自然不尽相同，家风的传承方式更是形式多样。我的爷爷是个老革命，他的身上有那个年代的深深烙印。从姐姐上小学起，每年秋季开学前，爷爷总会召集一大家子里的孙辈们吃一顿"忆苦思甜饭"。这顿带有浓浓"文革"时期特色的饭，是爷爷这一代人对吃苦耐劳、勤劳节俭等许多优秀品质的深刻领悟。这顿饭总是吃得端庄而严肃，让我们姐弟几个很是拘谨。要把碗里的饭吃光，还不允许掉在桌子上，目光如炬的爷爷端坐在那里像阅兵一样审视着他的孙辈们。那时候，我和姐姐弟弟们并不能完全理解，为什么明明有鱼有肉可以吃，偏偏要去吃地瓜面蒸的窝头和地里的野菜，甚至想着编出各种理由逃避这顿难以下咽的饭，但最终还是不敢冒犯爷爷的威严。他总是给我们讲那个年代的故事，并一直说："人在任何时候都不能丢了吃苦的品质，日子过得再好也得知道节俭"。后来我渐渐懂得，他威严目光的背后其实是对我们更多的期待。

随着生活条件越来越好，忆苦饭上很难再凑出窝头、野菜。那个年代的艰苦故事我们早已倒背如流，但忆苦饭却一直保留着，饭桌上每次讲到的吃苦品质都需要我们花上整整一年甚至更长的时间去理解和领悟。忆苦饭成了我们全家人品德教育的课堂，潜移默化地影响着我们立身处世、持家治业的风格。

后来，年迈的爷爷去世了，组织忆苦饭的接力棒便传到了父亲手中。为谋生计，父亲很年轻时便开始走南闯北，无数坎坷和挫折塑造了他务实的作风。他总是将自己的经历和对人生的感悟讲给我们听。在我工作前夕，我们一家人又聚在一起吃忆苦饭，父亲语重心长地对我说："踏上工作岗位，你就真正进入了社会，不论在任何时候，都要牢记谦虚做人、踏实做事。"

此时的父亲延续了爷爷的威严，却又多了更多新时代的气息，他很少讲爷爷那个时代的苦，让我们要珍惜新时代的甜。"谦虚做人、踏实做事"这八个字是爷爷眼中"吃苦"品质的升华，已经长大成人的我虽然还带着未脱的稚气，但我坚信一定能够把这八个字记好、做好。

　　尽管从小成长在莱钢，对工作性质和环境非常熟悉，但当自己真的从窗明几净的教室，走到有着炙烤焦炉和弥漫着各种化工产品气味儿的工作岗位上，我的内心还是有各种不情愿。面对一台台熟悉而陌生的设备，自己脑中更是一片空白。一时间，不满、胆怯、无助的情绪一齐涌上了心头。庆幸的是，父亲的话被我牢牢记在心底，指引着我完成从学生到职工的转变。我开始尝试放下学生的身份，像个小尾巴一样跟着点检员穿梭在各个机车上处理故障，师傅们也总是有问必答，手把手地教我。设备方面的活儿比较累，一天下来不是一身汗，就是一身油，但正是这个过程让我有机会向他们系统地学习，为我后来参与的几项技术改造打下了基础。我逐渐找到将理论知识应用到生产实际的渠道，各方面工作也越来越顺手。

　　从刚开始的不知所措，到后来找准定位和努力方向，在这个过程中，"谦虚做人、踏实做事"这八个字一直是我心底的准则，它像一把戒尺，每当我懈怠时，总会感觉到它的力量，它给我鞭策，让我前进。

一辈做给一辈看，一辈讲给一辈听。在我们中华民族五千年文明史中，从来不缺乏对"家风家规"的传承。不论是《朱子家训》那般正式，还是"孝敬父母"这一句简单的话，都是我们文明的缩影，蕴藏着我们心底的道德意愿和深厚情感。当家风的接力棒传到我们这一代的手中，我深感责任的重大，优秀的传统要传承下去，新时代的正能量更要汲取，我们要用年轻的活力和蓬勃的气息丰富我们的家风，塑造更美的人格，创造更美的家庭，构建更和谐的社会！

鞠 玲（焦化厂）

爱岗成就梦想

先问各位一个问题：你的梦想是什么？可能有人说，我的梦想是有一座大房子；也可能有人说，我想要一辆豪车；还会有人说，我想让孩子考上一所名牌大学，让孩子出人头地……答案或许千差万别，各有不同，但他们都有一个共同点——梦想。梦想，是我们每个人倾其一生为之奋斗的目标和方向。

2012 年 11 月 29 日，习近平总书记提出了实现中华民族伟大复兴的中国梦，自此 13 亿中华儿女便共同拥有了这一飞跃巅峰的梦想。

中国梦，寄托着我们太多的理想和抱负；实现中国梦，我们还有很长的路要走。

"合抱之木，生于毫末；九层之台，始于垒土！"贤人的道理，给了我们答案。"千里之行始于足下"，追逐我们的中国梦，要从细节做起，从小事做起，从自身做起！中国梦，把国家、民族和个人融合成为命运共同体，把国家利益、民族利益和每个人的实际利益紧紧联系在一起。作为企业的一员，恪尽职守，爱岗敬业就是我们的本分。爱岗敬业体现于在普通的岗位上兢兢业业，在平凡中孕育伟大；爱岗敬业体现于对待工作认真负责，责任胜于能力。

在我们身边就有这样一群人，他们用行动捍卫着胸前红色徽章的尊严；他们用行动践行着鲜红旗帜下庄严宣告的誓言；他们用行动书写爱岗敬业的不朽诗篇。

"莱钢女杰"——于云霞，参加工作 17 年来，坚守在平凡的岗位上默默奉献，收获了知识，收获了乐趣，也收获了幸福的家庭和美好的生活。2003 年春天，为了在激烈的市场竞争中占据一席之地，带钢车间加大了超宽、超薄规格品种钢的轧制，原有的工艺制度不能完全满足生产的需要，轧制过程中问题较多，严重制约生产顺行。记得第一次轧制 65 锰钢种时，由于头部温降冲击，造成轧辊表面硌印，影响带钢表面质量，一炉 15 支钢竟然更换了三套轧辊才轧制完成。针对出现的问题，于云霞连续四个班在现场跟踪，查找分析原因，研究轧辊冷却装置原理，最后对粗、精轧出口导卫进行了插槽式改造，增设挡水板，使头部温降得到控制，表面硌印得到解决，产品质量得到保证。凭着过硬的技术素质，她先后参与完成了 50 锰、40 锰等几十种产品研发和批量轧制。

那是一个炎热的夏天，加热炉出料炉门液压缸密封高温老化又喷油了，此时加热炉周边作业温度高达 60 多度，这样的温度别说是干活，就是站上一会也受不了。时任热轧车间机械作业区副作业长熊双双看着损坏的液压缸心疼的说："其实热，我倒不怕，关键是一个液压缸 1 万多块钱，看着拆下来的液压缸，我心里真难受。"在以后的几天里，熊双双满脑子里想的都是怎样才能一劳永逸地解决设备故障，终于让他想出了内部冷却的方法，彻底解决了加热炉液压缸喷油的"顽疾"，节约维修成本 30 多万元。同时，他设计的"内冷式液压缸"获得了国家专利三等奖。

　　独木不成林，滴水不能流。像他们这样在自己岗位兢兢业业工作的人还有很多，像"莱钢建功立业奖章"获得者，技术大拿程世延；"与时间赛跑"的莱钢十杰青年陈勇；自我总结出 3 万字"行车设备故障案例汇编"的孙西刚等。

　　"沉舟侧畔千帆过，病树前头万木春。"面对旷日持久的市场严冬和残酷的行业竞争，每一个有责任感的莱钢人，都不会无动于衷，每一个热血青年，也更不会碌碌无为和虚度光阴。决战严冬的号角已经吹响，精益管理的战役正在全面展开，我们要树立敢于拼搏的"亮剑"精神，"舍我其谁"的奉献精神，立足本职工作，想企业所想，急企业所急，与企业同呼吸共命运。

爱岗成就梦想，梦想铸就辉煌！让我们乘着梦想的翅膀飞跃巅峰，中国梦不会遥远，强企梦更是指日可待。我相信在全体干部职工同心同德、共同努力下，一定可以让莱钢这艘巨轮走出"浅滩"，逆势而上，破浪远航。

王海州（板带厂）

让青春绽放光彩

对于每个人来说，都想拥有一个光彩的人生。对于我的爷爷来说，参加抗战，英勇战斗，成为了一生最光彩的经历。对于我的父亲来说，投身到莱钢建设发展的洪流中，战天斗地、流血流汗，成为了一生最为荣耀的光彩。对于我来说，我希望投身到祖国发展壮大的前进步伐中，为了伟大中国梦的实现贡献自己的力量，成就我的光彩人生。

参加工作六年的我，褪去了校园中的青涩和天真，褪去了年轻无知的冲动与幼稚。而此时此刻，站立在这里的，是一个怀揣执着、信念坚定、满腔热血的新一代钢铁男儿。

　　记得刚参加工作的时候，年轻无知的我，总是对自己的工作感到不满意，心中不平：怀着远大憧憬的我，竟然当了一名平凡普通的钢铁工人，太"屈才"了。

　　随着工作的深入、年龄的成长，以及在岗位上不断的学习开拓，我慢慢认识到：工作没有高低贵贱，再渺小的事物也能绽放出耀眼的光彩。特别是习近平总书记中国梦伟大思想的提出，更是为我的人生之路点亮了一盏明灯。

　　说到梦想，对于我们这些从未吃过苦的年轻人来说，曾经以为，坐在舒适的办公室里，喝着美味的咖啡，就像电视剧中穿梭在写字楼里的白领，过着香车宝马般的生活，才是人生的追求。记得参加工作以前，我曾经不止一次梦想过类似的场景。然而，现实无情地撕碎了虚幻的梦想。当我第一次穿上工装，投身到机器轰鸣的生产线上，似乎整个世界都变得黑暗了。

　　六年的磨砺，在一次次摸爬滚打的成长中，我渐渐明白，生命的意义不是索取和享受，生命真正的价值在于奉献和创造！"三百六十行，行行出状元。"那些看起来不是光鲜亮丽的职业，不一定创造不出精彩的人生。

　　六年的路程，让我明白，即使在如此普通的岗位上，我创造出的价值也是无穷无尽的。航天飞机需要钢铁，航空母舰需要钢铁，高楼大厦、飞机汽车……都离不开我们所制造出来的产品。

　　曾经一位客户告诉我："这车钢材要运往核电站。"就在那一刻，我突然感觉到无比的激动和自豪。也就在那一刻，我突然明白了，任何一个平凡的岗位都在为祖国的强大贡献着自己微薄的力量！也就在那一刻，我似乎懂得了习近平总书记所说的中国梦竟然是如此伟大、如

此温暖的一个梦！

中国梦，正是我们每一个中国人的梦想缩影，只有我们每一个人的梦想都实现了，我们伟大的中国梦才能熠熠生辉，绽放出耀眼的光彩。

法国著名思想家卢梭曾说过："人生的价值是由自己决定的。"踏踏实实，一步一个脚印地在自己的工作岗位上做出一番贡献，就将是最好的价值体现。如果我们所有人都能够树立起正确的价值观，并坚持不懈地为之奋斗，我相信，我们的祖国一定会建设得更加强大，人民一定会更加幸福，社会也会更加和谐。

最后，我想把裴多菲的一句名言送给大家："生命的长短以时间来计算，生命的价值以贡献来计算！"让我们为生命插上梦想的翅膀，为了企业的兴旺，为了国家的强盛，为了民族的繁荣，奉献我们的青春力量！

孔德志（棒材厂）

追 梦 人

　　梦想是什么？梦想是我们心底最美好的愿望，是美梦成真的精神支柱，也是人生旅途的加油站。每个人都有梦想，它可以很大，一如凝聚了几代人夙愿的中国梦；它也可以很小，小到哪怕是儿时一次老师的表扬。今天我要跟大家讲述的是我们祖孙三代人的追梦情缘。

　　爷爷出生那会儿，新中国还没成立。生在贫农家庭的爷爷，吃不饱、穿不暖，住着茅草房，租种地主的土地，辛辛苦苦劳作一季却得把大部分收成上交给地主。农闲时，一家人还得去讨生活。那时的爷爷就在想，啥时候才能吃饱穿暖呀？

为了吃饱饭，当县城传来征兵的消息时，爷爷想都没想就去报了名。从此，爷爷离开家乡，跟随部队南征北战。

全国解放后，年轻的爷爷和他的战友们又雄赳赳气昂昂地跨过鸭绿江，在枪林弹雨中冲锋陷阵、保家卫国。在战场外，防空洞、战壕，都成了爷爷学习的场所，他如饥似渴地刻苦学习，不仅摆脱了文盲的帽子，还给其他战友当起了小老师。终于，中朝人民赢得了对美帝国主义战争的胜利，爷爷和他的战友们凯旋而归。

70年代初，爷爷转业来到正在建设中的莱钢。作为莱钢最初的建设者，他们那代人见证了莱钢迈出的第一步。每当回想起当年那热火朝天的劳动场景，爷爷总是很激动："那时候干活不知道累，看着投产的设备，再苦都觉得甜。"

刚到莱钢时，爷爷一家住在一排小平房里，月月凭票领粮，日子虽然清苦，但再也不用为吃穿发愁了，一家人其乐融融。

爸爸出生时，国家正遭遇严重的自然灾害。粮食绝收，生活清苦。

爷爷当时还在部队，是奶奶一个人拉扯着爸爸兄弟几人，艰辛不言而喻。在爸爸儿时的记忆里，全家人总是在啃窝头、吃咸菜，也就逢年过节，才能看见点肉丁和油花；因为有哥哥，爸爸更是和新衣服绝缘，总是哥哥穿旧了，弟弟接着穿。在艰苦生活中长大的爸爸，总有一个梦想，想和爷爷一样去工厂上班，所以毕业后，爸爸也选择了在莱钢工作，那时的莱钢已初具规模，正走在大建设、大发展的崭新道路上。

80 年代，爸爸带着一家人搬进了 50 多平米的楼房。独立的卫生间和厨房，可把奶奶高兴坏了。搬进楼房没几年，我便出生了。我出生在 80 年代末，那时改革开放的成果已经初步显现。日子虽然没有现在富足，但也是衣食无忧了。记得儿时，一家人围着一台黑白小电视，看得津津有味；过年过节，一起逛逛百货商店，买新衣、买零食……，生活得惬意随性。

进入新世纪，莱钢的发展日新月异。高炉从 620 立方米到 3200 立方米，钢产量从 200 多万吨突破到 1000 万吨，看着爸爸拿回来的纪念牌，我心里充满了骄傲，我对自己说："我也要回莱钢工作"。

大学毕业后，我如愿回到莱钢，成为一名钢铁工人。当理想撞上现实，我开始彷徨忐忑，我能适应新的工作吗？我能干好吗？一个个疑惑涌入脑海。直到遇到了我的师傅，才慢慢打消了我的疑虑。

师傅是一个心地善良、爱岗敬业的女职工，她常说："别看我们的工作只是看看仪表，抄抄数据，看起来很简单，但越是简单干好越不容易。"正是师傅认真工作的态度感染着我，在她的指导下，我很快坚定了立足本职、奉献自我的信念，努力学习业务知识、掌握岗位技能，经过几年的磨炼，逐渐成长为岗位的业务骨干。我深深体会到，只有努力，才能成就自我、实现价值。

谁说梦想遥不可及，短短的几十年，爷爷的梦想实现了，爸爸的梦想实现了，我的梦想还会远吗？只要我们用勤劳的双手和智慧的火花播撒理想和信念的种子，就没有战胜不了的困难，就没有实现不了的梦想。

我相信，只要付出，就会有收获！

张 宇（型钢炼铁厂）

践行价值观　共筑中国梦

梦想，一个美好而充满希望的词汇。民族因梦想兴盛，国家因梦想富强，人生因梦想精彩。中国梦，是宏观的。它领导着中华民族的伟大复兴，沉淀着中华儿女的世代夙愿。中国梦，又是微观的。它是洋溢在脸上的幸福微笑，是胸怀抱负的少年如炬的目光，是病有所医、老有所养的"幸福梦"，蕴含着巨大的希望和力量。

大家还记得 2014 年春晚上那个《扶不扶》的小品吗？小品中郝建说出了一句触动全国人民心灵的话："人倒了，可以扶起来，要是人心倒了，可就想扶也扶不起来了！"一句没有任何华丽字符修饰的话语，却道出了当今社会信任缺失、价值颠倒的现状和心态。

时光回眸。当南方遭受了百年未遇的特大洪涝灾害，他们怕了吗？没有！军民一心，力挽狂澜，与洪水展开了一场生死搏斗。当全国抗击非典，他们怕了吗？没有！广大医护人员日夜奋战，无私无畏，甚至献出了自己宝贵的生命。2008 年，汶川大地震，山崩地绝，他们更没有害怕，而是将中华民族面对惊天大灾的坚韧和勇毅彪炳青史！朋友们，可曾知晓这几次回眸，不知有多少人付出了生命的代价！

新的时代，急切地需要我们树立正确的价值观、人生观。2012 年，党的十八大报告中首次以 24 个字，分别从国家、社会、公民三个层面概括了社会主义核心价值观，这对于实现中国梦具有十分重要的意义。

在我身边就有这么一群青年人，他们中，有以厂为家，坚守岗位的一线工人；有不为利益、甘心付出的共产党员；还有经得起诱惑，顶得住歪风的廉洁从业模范。

分公司炼铁厂 3 号高炉车间职工姜雪辉自参加工作以来，就义无反顾地来到了高炉炉前。这个别人看来最艰苦的岗位，他却有滋有味地干了 17 年。已记不清 17 年来他究竟加了多少班，放弃了多少节假日，无论是高温酷暑，还是数九寒天，他都一如既往地靠在现场，带头实干！一次高炉检修，恰巧孩子生病，车间领导多次催促他回家看看，可为了顺利完成任务，他始终没舍得离开现场半步，只能用嘶哑的嗓子，通过电话问候了病中的女儿……有人把姜雪辉叫做"拼命三郎"，有人称他是"永不言败的钢铁男儿"。当谈及自己的梦想，姜雪辉却说："继续当先锋做表率，出好每一炉铁。"

孙伟智自中学时代就热爱足球。一篇关于网络对青少年危害的文章，让他萌发了义务办班教足球的念头。几年来，他带过 200 多名学生。有人算过这么一笔账：按照市场价格，100 个孩子一年学费就是几万元，

再加上为学员代购装备等业务，那可不是个小数目，然而孙伟智却从没有为利益动摇过。"孩子是未来，我希望他们能有个好身体，从小养成团结协作的精神，这点付出不算什么"孙伟智的话简单朴实。

廉洁从业，是每个岗位赋予的义不容辞的责任，对于高风险的原料质检岗位更是如此。白文志是一名从事质检工作20多年的老兵，面对客户的威逼利诱，白文志从不惧怕。一次在取锰矿石的过程中，客户曾威胁，如果检验结果不合格，就找人报复他们。白文志并没有理会，而是对18车锰矿石严格按照标准进行取样，为厂避免经济损失60余万元。事后，有人问他："你也太冒险了吧，就不怕他们报复你吗？"白文志却说："有什么好怕的？我要是退缩了，企业的损失谁来担？干这一行，必须要顶得住歪风、经得住考验，我想这是我们质检团队应该做到的，也是最重要的必修课，不能也不允许任何一个人掉队！"

适逢盛世，我们理当不负盛世；生逢其时，我们更应奋斗其时。崇高的使命召唤着青年，壮丽的事业期待着青年。身为华夏儿女，在

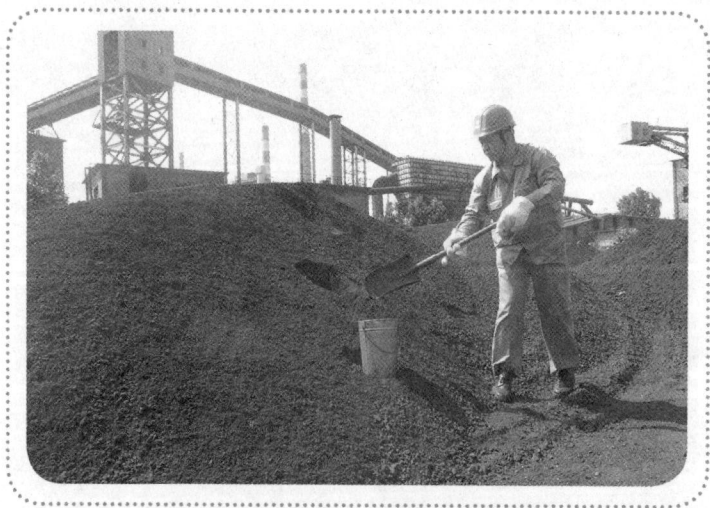

追逐中国梦的征程中，我们应该昂起年轻的脸庞，挺起坚实的胸膛，以时代先锋为榜样，以道德模范为旗帜，以社会主义核心价值观为导向，满怀豪情，踏平坎坷，昂首再启程，共筑中国梦！

曲 泉（分公司炼铁厂）

让梦想引领方向 用行动梦圆成真

作为一名"钢二代"，李子高在孩童时代就幻想着能像父亲一样，成为钢铁工人中的一员，行走在质地坚硬的钢铁厂里，感受着隆隆轧机带给心灵的震撼，用自己的双手为企业建设添砖加瓦。

从最初成为钢铁工人这样一个小小的梦想，到成为莱钢轧钢行业里的技术能手，登台竞技、获奖无数，并登上国家荣誉奖堂，再到带领班组一路奋勇争先，伴着心中的梦想，李子高在钢铁行业的道路上，勇往直前。

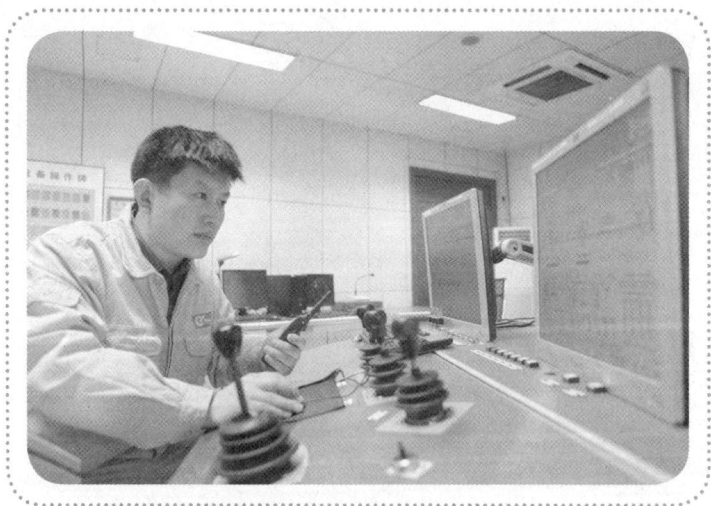

我常常想，是什么支撑着李子高一步一个脚印地不断进步，完成

了由普通职工到轧钢行业技术能手的蜕变？是什么推动着像李子高一样的厚板人不畏严寒一次一次的破冰前行，面对困难交出满意的答卷？是什么激励着像李子高一样的莱钢人无怨无悔扎根莱钢奉献莱钢，将企业做大做强？通过对李子高的走访，我看到了他身上所折射出的莱钢人独特的品质，那是一代代行走在钢铁大地上的莱钢人甘于奉献的优良传统，也是一辈辈莱钢人薪火不灭、践行梦想的信念和勇气。

自从 1996 年参加工作后，莱钢轧钢技术比武的赛场上就年年都有李子高的身影。从初入企业时的青涩，到成为所从事行业里的行家里手，他用短短几年的时间成为了莱钢响当当的轧钢状元。但李子高的成功并不是一蹴而就，更不是机缘巧合，而是日复一日的学习积累沉淀，是面对困难不言放弃的决心和斗志，是敢于重新开始的勇气和信心。有人问，什么是成功的秘诀？李子高用行动诠释了所谓的成功，就是扑下身子，不计得失，纵使汗水浸湿了脚下的路，也要向着目标前行。

勤奋的付出使李子高技能得到不断提升，他先后获得山东省技术能手、杰出青年岗位能手、首席技师、全国钢铁行业技术能手、全国技术能手等荣誉称号。2011 年，他还被评为享受国务院政府特殊津贴，成为莱钢第一个获此殊荣的一线工人。

虽然荣誉簿逐年变高，但李子高觉得，个人的成功比不上团队的成功。他一方面加强自身业务技能提升，不让自己在理论知识上掉队，一方面发挥自身工作经验多、善于总结提炼的优势，注重"传、帮、带"作用的发挥，和班组年轻职工一起系统学习，共同进步。和谐的班组氛围带来了生产顺行，李子高班组的综合成材率稳定在 90% 以上，轧机平均小时产量突破 200 吨，班组多次打破班产、日产纪录，安全、产量、质量指标走在了四大班前列。

　　李子高曾说过，轧废是轧钢生产过程中最大的顽疾和浪费。他和班组职工算过一笔账：出现一支轧废的直接损失是 32500 元，间接损失是 17500 元。账不算不知道，一算吓一跳。班组成员认识到问题的严重性，自觉地把"零失误、零偏差、零轧废"作为追求的目标。他们运用价值流和问题树两种精益管理工具，反复推敲和琢磨，提炼出了一套薄规格轧制的精准操作法，实现了 6mm 钢板稳定生产，班组也实现了连续 7 个月零轧废。

　　在我们身边，还有许多像李子高一样在岗位默默奉献的工友，也许没有九死一生的传奇经历，没有惊天动人的伟大壮举，没有光鲜华丽的俊俏外表，但在那一炉炉奔腾的钢水里，有我们日复一日的辛勤付出，在辊道上一张张驰骋的钢板中，有我们伟大又朴实的梦想。一代代莱钢人，正用点滴行动，不断让一个个看似难以实现的伟大梦想变成现实。作为这个梦想的实践者，当我们有一天成为白发苍苍的老人时，再次驻足回首，一定会自豪地说：看，这就是我们繁荣强大的企业，这就是我们莱钢人的伟大梦想！

洪　刚（宽厚板事业部）

书山有径梦相随

1987 年，在吉林长春一个落后的小村庄，一个小姑娘被一本破旧不堪的《格林童话》所吸引。为了不被弟弟、妹妹的吵闹声打扰，她不由自主地钻进了家里衣柜，忘我地与美丽的公主和智慧的王子去迎接挑战。不知过了多久，满村子寻找这个孩子的大人们，才发现柜子里带着甜甜笑容读书的小姑娘。着急的爸爸二话不说，朝屁股就是两巴掌，可她却没掉一滴眼泪，依旧沉迷于美妙的故事情节之中无法自拔，这个痴迷读书的小姑娘就是我。

当时农村"女子读书无用"思想还非常浓厚，天天捧着书却成绩不好的我，成了村里最典型的反面教材。一直支持我读书的妈妈也产生了动摇，乡邻们也议论：还不如像其他女孩子一样外出打工。这让我异常的苦闷和无助。

此时，一位读高中的哥哥，把《人生就是奋斗》和《钢铁是怎样炼成的》两本书送给了我，"书不仅是用来读的，更是要悟的。"通过与哥哥多次交流感悟，我第一次切实体会到读一本好书对人生的意义。我开始发奋学习，一年后考取县城重点高中，之后又顺利通过高考，步入向往已久的象牙塔。

进入大学的第一天，"精心育人、志在四方"的校训，让我感受到扑面而来的书香氛围。学习期间，知识渊博的老师、自由和谐的教学模式，不断开拓我的视野和见识。

大学毕业后，我来到莱钢运输部，成为一名铁路运输管理技术人员。2011 年的一天，刚从铁路站场回到办公室，我接到一个电话，"于姐！快点来，王姐和她的徒弟打起来了！"放下电话我立刻跑去了信号楼。到了才知道，同在信号岗位的师徒，因作业分工导致口角，直至相互厮打。此类事件，在以对讲机联系工作为主的铁路运输中，因职工经常使用一些口头语，相互产生矛盾和误会的事时有发生。为此，我提议组建了读书角，引导职工通过读书，提高个人修养，规范岗位用语，改善不文明现象。最初，当我把书籍送到职工手里时，听到最多的是拒绝的声音："家里有孩子，哪有时间读书？读书能多发钱吗？"

为了把读书活动真正推行下去，一方面我了解职工需求，有针对性地购买图书；一方面从那对师徒入手，帮她们解决工作难题，像姐妹一样拉家常，引导她们多读一些"点亮心灯"的书籍，希望通过读书交流，消除她们的隔阂。

慢慢的，师徒俩的关系开始缓和。借此，我组织全段55名女工开展"品格解读"交流，让来自不同岗位的女工，结合忠诚、友善、尽责、知性四大品格做典型发言。"新时代的精致女性，要做到会工作，懂生活。提升素质，修炼品格，基础是健身、读书，有一样走在路上。"看到一名女工在朋友圈发表的会后感言，我知道，大部分职工已经体会到了读书的益处。我又先后组织开展了"书海拾贝""学习型家庭建设"等读书交流活动，职工从最初的拒绝读书，到现在的找书读、借书读，工作氛围大为改善，所在车间被评为"十佳文明窗口""文明单位"等称号。我本人也先后荣获了"莱钢女杰"和"莱钢优秀科技人员"等荣誉。

一次偶然的机会，我参与了莱芜一个亲子群的公益读书活动。新颖的读书模式和孩子们的热情感染了我，让我有了把梦想做大的勇气，萌发了做公益读书的想法。沟通信息、策划公益读书方案，我马不停蹄地奔走于莱城、钢城之间。2014年，李克强总理政府工作报告首次发出"全民阅读"的倡议，让我做公益读书的动力倍增，我要让更多的人能读书、会读书、读好书，让读书成为时尚，让读书成就文明。伴随着一封封邀请函的发出，我坚信梦就在前方，会有越来越多的人和我一起，为打造一个书香四溢、文明和谐的社会而砥砺前行！

于雪莲（运输部）

践行核心价值观从岗位做起

如果你是一滴水，你是否滋润了一寸土地；如果你是一束阳光，你是否照亮了一片黑暗；如果你是一颗螺丝钉，你是否永远坚守在自己的岗位上。

熟悉莱钢的人都知道，咱们这儿有座山叫"银山"，这座曾沉寂了上千年的小山尽管有着许多动人的传说，但从外形看，它不算高也不算美，除了山顶有一撮丈余高的小树，光寂的山梁谈不上景色，说不上秀丽。然而，在这座不起眼的山脊下，却矗立着一座以生产 H 型钢为主的国内知名、享誉海外的现代化工厂——山钢股份莱芜分公司型钢厂。十多年来，莱钢 H 型钢从无到有、由小到大、初弱今强，已成为名副其实的国内品种规格最全的 H 型钢精品生产基地。型钢人靠坚韧不拔的毅力、奋发向上的精神创造了一个个世界钢铁史上的奇迹，震撼了银山，响彻了世界！

而我，就是这座厂里的一名行车工。这份工作要求操作人员必须恪尽职守、敬业爱岗——因为只要一登上这十几吨重的行车，脖子再酸也不能随意扭动、后腰再疼也不能随意挪动、手腕再麻也不能随意乱动。这份工作听起来是不是让人感到疲惫、乏味、枯燥呢？但是我想说：既然我们选择了自己的工作，就要真心爱岗、全力敬业，把理想、才华、青春、热血和汗水毫不保留地奉献给这份庄严的选择，就像花儿爱太阳，就像鸟儿爱天空，就像蜜蜂爱花朵！有人要问，那怎样才是爱岗？如何才算敬业呢？其实很简单，爱岗敬业，就是要满怀激情地投身工作；爱岗敬业，就是要兢兢业业地做好本职工作。

当你接到工作任务的时候，是讨价还价能推就推，还是尽职尽责努力完成？当你在工作中遇到困难和挫折的时候，是等待观望半途而废，还是自我激励攻坚克难？当你觉得自己的工资待遇、岗位升迁没有达到期望值的时候，是牢骚满腹怨天尤人，还是自我反省加倍努力？也许有人会说，人之初，性本惰，能修炼到默默奉献无怨无悔的境界，古往今来又有几人？我要说：非也！在我的身边，就有许多感人的例子："莱钢女杰"张少华是个一专多能的好手，不仅行车驾驭得游刃有余，维修的手艺也非常出色，是我们当中敬业爱岗的典范。在过去，行车维修都是被动的，但张少华运用多年的工作经验，不断总结了行车工操作习惯和行车运行特点，每年她参与的行车技术改造，为企业节省行车维修成本几十余万元。陈梅菊是型钢厂无数心系企业、敬业奉献职工的又一个代表。在她工作的十多年里，不分白天黑夜，随叫随到；

十多年里，她已记不清有多少个节假日、公休日是在工作中度过。她唯有说得清的是"为满足用户的要求，再难吊装也心甘情愿"的真诚；她唯有记得清的是每台行车的运行情况，哪些需要重点监管！记得去年大型线检修，她的爱人正好上中班，放学回家的女儿因饥饿一遍一遍地给她打电话，而她为了抢年修进度，在嘈杂的检修现场没有听到手机的响声。当她晚上10点赶回家里时，年幼的女儿已经蜷缩在沙发上睡着了，小脸上还挂着泪痕……她们都是无私奉献的典范，她们都是爱岗敬业的榜样！

有人可能会说，你一个小职工大谈敬业有啥意思？离了你，行车照样开，轧机照样转，型钢照样卖！可我想说的是正是有了数万这样的普通职工，正是有了他们无私的奉献，莱钢这座钢铁大厦才有了由弱到强的辉煌。

我们虽然不能全面代言"富强、民主、文明、和谐"的现代国家价值目标，也不能全面代言"自由、平等、公正、法治"的现代社会价值取向，但我们可以用行动代言"爱国、敬业、诚信、友善"的现代公民个人价值准则。因为当我们每个人心中都牢牢种下"爱国、敬业、诚信、友善"的核心价值观时，它就会产生强大感召力、向心力、凝聚力，就会产生巨大文化影响力，从而带动和影响更多的人。也正因为此，核心价值观如同一双无形的手，在最困难的时候把企业和职工紧紧的连在了一起。

王　蕾（型钢厂）

让梦想引领人生

党的十八大报告用 24 个字，分价值目标层面、社会层面、个人行为层面三个层次，精辟的概括了社会主义核心价值观的内涵。怎样更好地践行社会主义核心价值观，与祖国和人民共命运、与时代和社会同前进、为改革和发展贡献，从而实现自己的价值，成就自己的梦想？作为一名企业一线的青年职工，我的理解很简单，要实现价值，成就梦想，就是满怀激情地投身工作，为中国梦贡献自己的一份力量；就是兢兢业业地做好本职工作，为实现中国梦多付出一份努力。

我所在的能源动力厂型钢热电车间，是能源动力厂的窗口单位，

工作的目标就是为热线生产提供稳定优质的动力能源。稳定优质就是效益，而效益是每个员工生活幸福的基石。

2006年，我从一个计算机专业毕业的大学生走上汽机运行岗位。工作与专业毫不相关，一切从零开始。面对错综复杂的管道、成百上千的阀门，我眼花缭乱。系统这般复杂，技术含量如此之高，自己的知识水平几乎为零，该从何下手？那时我最大的梦想就是能记住每个阀门的名称、作用，如何准确操作，做到独当一面。

为了实现这一个简单的梦想，我打起十二分精神，卸下包袱，脚踏实地，刻苦努力。师傅的悉心传授，我反复揣摩；规程的每条规定，我牢记于心；每次实际操作，我认真细致。随身带的本子，密密麻麻记满了所学到的所有知识点。付出总有回报，2007年，我通过了汽机运行技能鉴定考试，拿到中级工证书；2009年，又顺利拿到高级工证书，我从一个初出茅庐的门外汉，到能独当一面的副司机，大小操作游刃有余，实现了工作最初时的梦想。

　　随着逐渐适应工作甚至自以为能够得心应手，我不止一次地问自己，日复一日的重复操作，真的已经做到完美了吗？当时，钢铁企业被严峻的市场形势逼进了残酷的严冬，亏损、库存、减产，我们谈之色变。企业有困难，我们怎么办？精益管理，降本挖潜！这是拯救企业的唯一途径。此时，车间要求我们加强精益操作，通过看板管理模式严控过程指标，把高炉冷风的送风压差控制在 40kPa 之内，这大大增加了风机正常运行时的风险，更增加了日常操作的难度。刚开始时，我们都战战兢兢，如履薄冰。那时，我的最大梦想就是能通过自己精准的操作为企业节省一吨蒸汽，减少一个百分点的放散。

　　刚开始，由于把握不准，为达到控制目标，常常需要几次连续的操作，而且要时时监视风压／风量的波动变化，劳动强度明显增加。我坚定为企业分忧的信念，尽职尽责，全身心付出，不折不扣完成任务。重复是最好的方法，通过一年的努力，我逐渐总结出一套自己的精确操作方法，保证了机组安全顺行又将压差严格控制在 40kPa 以内，受到领导的肯定。我再一次用实际行动践行着自己朴实的梦想。

　　我曾经思考：什么是价值观，我的价值观是什么？作为一线工人我的价值观应该怎样体现？在这平凡的岗位上如何成就我的梦想呢？当接到工作任务的时候，是讨价还价能推就推，还是尽职尽责努力完成？当在工作中遇到困难和挫折的时候，是等待观望半途而废，还是自我激励攻坚克难？当觉得自己的工资待遇、岗位升迁没有达到期望值的时候，是牢骚满腹怨天尤人，还是自我反省加倍努力？

　　在汽轮机运行岗位上默默耕耘，一干就是 8 年多，既没有取得大成绩，也没做出大事业。但对价值观和中国梦我却有了自己的答案：就要永远坚守在自己的岗位上，主动转变工作思路，积极调整运行方式，将精益管理的先进理念引入并应用于生产实践，确保看管、维护好每一个设备，精心调整好每一个参数，不让管道跑冒出一滴好油、不让风口多放散一丝冷风，不浪费珍贵的能源，不污染洁净的空气，为生产提供可靠的能源，为社会创造最大的价值——这就是我践行社会主义核心价值观、追逐自己梦想的最好方式。

无数个这样的我组成了能源动力厂这个大家庭，每个成员的奉献纯洁无暇，朴实无华，让我们在工作和生活环境中充满"正能量"。大力践行社会主义核心价值观，我愿做凝聚正能量，传递正能量的使者。

韩 扬（能源动力厂）

我的家很幸福

工友们，家是什么？家是一把伞，为我们遮风挡雨；家是心灵绿洲，带给我们快乐，排遣我们的烦恼；家是一盏灯，帮我们照亮前行的道路。

2012 年的 1 月 12 日，对我来说是一生难忘的日子，那天我上白班，突然接到老父亲打来的电话，说老母亲下台阶的时候摔倒了，现在正在去医院的路上。我一听就知道老母亲的情况非常严重，因为从饥荒年代生活过来的父母，一辈子省吃俭用，有个小病小灾能扛就扛过去，住院、打针对他们来说是一种奢侈，母亲被确诊为脑梗死。在医生的治疗和家人的精心护理下，母亲的病慢慢有了好转，能在家人的搀扶下勉强走路。就在全家人感到庆幸和松一口气的时候，6 月份、11 月份母亲又连发两次脑梗死病症，使母亲彻底失去了行动、语言和思维能力，除了吃饭其他没有任何的反应，那一年母亲 78 岁。母亲在床上一躺就是四年，四年来我每次对着母亲叫娘的时候，母亲只是抬眼看我一下，接着就会游离到别处，看我的眼神，是陌生和空洞的，她已经不认识我这个她最疼爱的小儿子了。2015 年大年初一大早，八十多岁的老父亲早早的给母亲穿好衣服，我正要把母亲抱到轮椅上，父亲拦着我说："今天是大年初一，你娘身上味道大，还是我来吧。"我抚摸着母亲的脸对父亲说："我小的时候，娘就是这么把我抱大的，现在到了我抱娘的时候了。"也许是这句话，也许是春节的气氛，母亲怔怔地看着我，看着我……四年不曾开口讲话的母亲，突然含糊不清地说："你吃饭了吗？"我一下呆住了，四十几岁的我，紧紧地攥着母亲的手号啕大哭，委屈、不甘、不舍、激动、感动、满足等掺杂了无数情感的泪奔泻而出，但最多的是幸福的泪水。那一刻，我明白了，有娘才有完整的家，娘在，家在！我的家是幸福的！

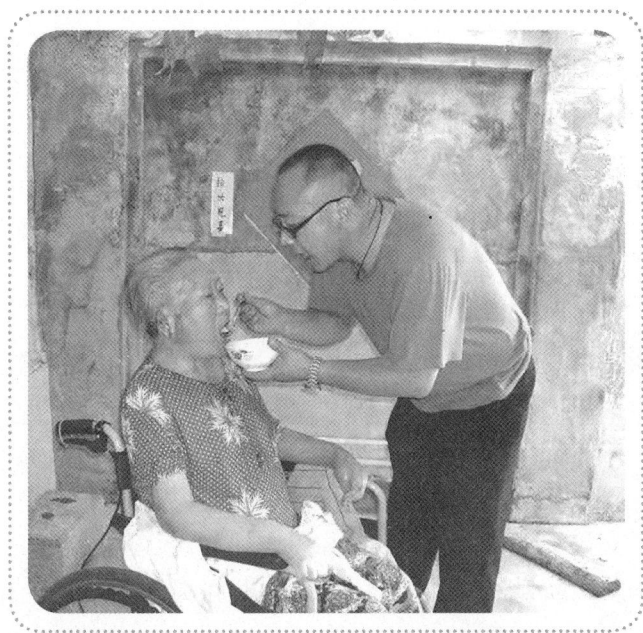

　　小家的幸福取决于大家的支撑，炼钢厂就是我幸福的大家。在我二十多年的工作历程中，我始终和炼钢紧紧地依偎着。炼钢厂从以前的脏乱差到获得"全国文明单位"称号，从1999年学习型组织创建开始，从振兴炼钢到品格炼钢，从哲学管理到和谐炼钢，到如今的幸福炼钢，炼钢厂正以前所未有的步伐向前迈进。作为一名炼钢职工，我每天都在感受着炼钢的变化，感受着自己内心的变化。2014年9月16日，一号机拉钢丙班上中班，机长巩涛还是跟往常一样在拉钢的岗位上忙碌着，突然一阵阵的腹痛让他站不起来，开始他还坚持着，最后疼得他趴在了拉钢平台上，来回地挣扎，脸色蜡黄，汗如雨下。大家急忙把他送到了医院，经查是急性尿结石，结石大于1厘米，要马上进行手术排石，否则会非常的危险。在进入手术室的时候，巩涛强忍着疼痛，呻吟着嘱咐送他来的丙班职工："回去跟大家说，今天三流状况不是很好，打滑块的时候一定要注意，免得穿钢引发非计划停浇的生产事故。"简短的几句话，让现场的人动容了，感动了，此时此刻，他想到的不是自己手术的危险，而是班组的生产顺行。

像巩涛这样的职工在我们炼钢厂还有很多很多，这样的故事每天都在发生着、延展着……他们在平凡的工作岗位上，拼搏着，努力着，没有豪言壮语，大家用诚实守信的心，爱岗敬业的情、履行着自己的职责，如璀璨的钢花，奉献在炼钢这个大家庭。这就是我们炼钢人践行社会主义核心价值观的最真诠释，我们炼钢人给出了最好的答案。

工友们，虽然现在我们还处在钢铁企业的寒冬，但我相信，有了

像巩涛这样的职工，有了全体人员的必胜信念，我们与炼钢同呼吸共命运，携手一心，一定会走出寒冬，走进明媚的春天。我也相信，有我们对家的忠诚和担当，对家的友善和仁爱，有我们的小家依托着大家，大家支撑着小家，我们的家会很幸福。

魏开银（炼钢厂）

平凡同样可以精彩

阿基米德曾经说过，假如给我一个支点，我可以撬动地球。那么，撬起我们人生高度的支点是什么？她就是我们的思想！我们的价值观！

作为工作在钢铁企业的一名普通职工，我们的工作是平凡的、单调的，但是我们同样干得非常精彩，不是吗？因为，我们有共同的价值观，那就是："爱岗、敬业、诚信、友善，把工作当成事业来做。"

任秀恩，是炼钢厂行车一车间的一名机械点检员，为了将行车设备点检好，维护好，保障炼钢厂空中大动脉的畅通，他竭尽全力。

为了干好工作，他变得好学不辍。他常常对着专业书籍发"呆"，对于换下来的旧件，非要拆开来研究一番，看看故障点，查查磨损量。自己的活干完了，遇到其他工种检修时，他还跟在后面看，时不时地搭把手、问两句，拿个小本子记一下。用他的话说，技多不压身，平时多学点，干起活来才不累，效率才会更高。2014年第一次机械点检员技能鉴定考试，48岁的任秀恩一举考上了机械点检员助理技师，令一帮小青年刮目相看。2015年，他报名参加了机械点检员金蓝领的培训，又坚定地踏上了学习之路。

为了干好工作，他变得固执任性。14号行车是冶金吊，主钩起升系统由两台电机、两台减速器分别驱动。一直以来，由于电机存在转率差，两台减速机之间的主钩卷联器螺栓频频出现松脱和剪断现象。任秀恩不认这个邪，他连续两个班在车上蹲点观察，最终提出了在两个电机之间加装连接装置的处理方案，成功的解决了这一难题。

为了干好工作，他变得爱管"闲事"。2015年1月5日上午10点10分，任秀恩在点检浇一跨西侧大车轨道接头时，发现行车经过加料跨南侧梯子口时，行车轨道梁有晃动现象。这里并不属于他的点检范围，可是，任秀恩却立即下到轨道梁的底部认真检查，发现轨道梁底部垫板已脱出，固定焊缝开裂，导致梁与基础之间悬空达5毫米。如不及时处理，将导致大车端梁移位，大车道轨断裂，后果不堪设想。

生活中的任秀恩是个爱干净的人，可是他的工作服却天天油乎乎的。他查车有个特点，越是不好查的部位，他越爱去查。而且只能坐着、趴着或躺着查，工作服肯定干净不了。用他的话说，越是不好查、越是看不到的地方，才越容易出问题，藏隐患。一次，厂里组织工业建筑检查，他感觉到一处鱼腹梁在每当行车经过时，都会有轻微的晃动现象，可当他站在厂房通廊上，上下左右看，都没有发现问题。较真的任秀恩找来安全带，延展下到鱼腹梁底部进行查看，最终查出了鱼腹梁裂纹的重大隐患，被炼钢厂记一等功一次。

任秀恩以前是一名负责修理设备的钳工，现在成了点检员管设备，角色变了，责任更重了。36号行车旧车拆除、新车安装期间，由于工期紧、任务重，他跑前跑后给外来施工单位进行指导，对每一个螺丝都要拧一拧，对每一个润滑点都打上油……施工人员干活他盯在现场，施工人员休息时他在检查。有时，干得实在是太晚了，他就在值班室里凑合一晚，坚守到36号行车一次性试车成功。

一份耕耘，一份收获。任秀恩参与的电机同步连接装置改造，获得了国家专利。因及时点检消除隐患，被厂记一等功一次、二等功一次。由于好学不辍，他接连取得钳工技师、焊工和机械点检员助理技师、安装起重工、行车工、电工等6个职业资格证书。

当下，钢铁市场严冬依旧，我们的企业举步维艰。企业走出困境

靠什么？靠我们在座的各位，靠每一个有担当的钢铁人。我们要齐心协力共克时艰，将平凡的工作干出精彩，我们的企业就有希望，我们的强企梦就一定会实现！

赵 蕾（炼钢厂）

中国梦·小康情

我的钢铁情　我们的强企梦

　　我出生在一个贫穷的小山村，小时候父亲托关系转面子想找个看大门的工作都未能如愿。当时他很沮丧地对我说：将来你要有个铁饭碗就好了，父亲的这句话成了我的工作梦想。1990年7月我大学毕业后如愿以偿，来到了远近闻名的大型国有企业——莱钢特殊钢厂。

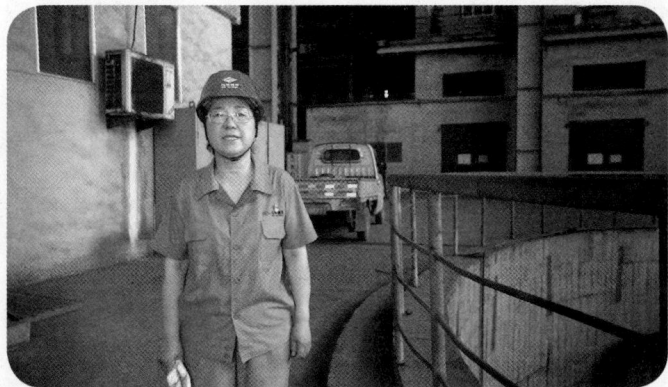

　　上班第一天，师傅李绥祖把我领到了黄羊山北麓的一个"山洞"厂房，那是5吨电炉的炼钢车间。崎岖不平的山路，尘土飞扬的现场，令当时的我心情拔凉拔凉的。再看看"农村包围工厂"的厂区环境，职工宿舍是乡村平房，业余时间只能看场露天电影，其他的文化生活几乎为零。年轻的我总是默默感伤：这就是我要的铁饭碗吗？这就是我今后成长的环境吗？师傅看到我失落的样子，语重心长地对我讲：小王啊，虽然这里条件差一些，可比刚建厂时好多了。当年是响应毛主席的号召，按照"靠山、隐蔽、分散"的原则建起来的军工厂，它可为咱们国家的军工事业做出重大贡献啊……

特殊钢厂原来叫新成铁工厂，1965年，来自全国各地的建设大军汇聚在这个贫瘠的山沟里，啃粗粮，住窝棚，开山劈岭，战胜万难，以"敢教日月换新天"的英雄气概，建起了全省第一座1.5吨电炉。从1980年开始，顺应改革开放，产品由军工转为民用，从此特钢人励精图治，艰苦创业，建起了炼钢—模铸—轧材生产线，企业才有了突飞猛进的发展。我被他们平凡而伟大的实干精神深深感动，我看到了特钢的希望和未来。

1994年，我有幸跟着师傅成为50吨电炉建设团队的一员，参与完成了一个又一个攻关项目。历经23个月的艰苦奋战，50吨电炉终于流淌出第一炉钢水，从此特钢具备了年产35万吨电炉钢的生产能力，不久，我们自主设计的山东省最大合金钢连铸机也建成投产。紧接着，为提升产品外观形象，打造特钢品牌，在师傅的带领下，经过50多个昼夜奋战，我们自主研制了第一台国产多功能钢材倒角机，它结束了自建厂以来全靠人工倒角的历史。在现场，时任莱钢集团公司总经理李名岷高兴地对师傅说："老李啊，三十年的梦想你们几十天就实现了，你们是实干型的创新能手，了不起呀！"

历史走进2008年，钢铁行业形势急转直下，莱钢及时提出了"H型钢＋特钢"的发展战略。2011年9月，特殊钢系统技术升级改造项目——100吨电炉生产线全面开工，两年后进入热试投产。当所有人还陶醉在热试成功的喜悦时，生产800毫米大圆坯却出现了振动台跟踪报警问题，这直接制约了产品结构调整和质量提升。与供货商意大利达涅利公司的专家多次沟通交流，他们也都束手无策。我的领导高级工程师陶务纯带领我们立即成立攻关小组，经过 10 多个昼夜的数据分析、试验改进，终于解决了这一世界技术难题。我们创造了奇迹！如今的特钢已具备年产 400 万吨钢，260 万吨材的产能，产品销往国内外 35个国家和地区，先后有齿轮钢、轴承钢等 26 个产品荣获国家产品质量奖。特钢已成为山东省最大的特殊钢精品生产和研发基地、全国特大型特钢企业。

2012 年，为应对钢铁"寒冬"，我们亮剑挑战，展开了麦肯锡诊断、精益转型、核心竞争力提升等一系列的管理变革。特钢人以壮士断腕、背水一战的勇气，全力打赢扭亏增盈生存保卫战。2016 年上半年，终于迎来了扭亏为盈的曙光。同时我们的环境建设、文化建设也发生了天翻地覆的变化，成为山东省绿化模范单位、中国优秀企业形象单位。

2016 年是我陪伴特钢成长的第 27 个年头，期间我很荣幸遇到了金牌职工、劳动模范李绶祖，科技带头人、优秀共产党员陶务纯，我很

庆幸融入了这支为强企梦而百折不挠、奋斗不息的钢铁团队！我与企业共成长！

今天当我走在特钢花园式厂区里，感觉我的生活也像那每天出炉的钢水，红红火火，蒸蒸日上！我们比任何时候都更接近"特钢做特，追求卓越"的愿景目标！筑梦路上，我们将不忘初心，继续前进，为小康社会铸造钢铁脊梁！

王红芝（特钢事业部）

从粮票到网购　小康就在手边

　　记得小时候，爷爷经常给我讲粮票的故事。他说六十年代初，三年自然灾害使全国上下都为吃饭发愁，那时候按照年龄、性别和身体状况，确定每人每月的粮食分配数量。于是就出现了粮票、面票，就连糖果、鸡蛋、豆制品、蔬菜等也要凭票供应。每个月必须计划着开支，粗粮和细粮混搭着吃，以稀饭为主，平时要是能吃个鸡蛋就算改善生活。他还说那时候一家六口人，经常一锅粥里要多加水才能应付生活。有一年夏天，家里实在揭不开锅，我三叔和小姑饿得前胸贴着后背，一个劲地嗷嗷直哭。听到哭声，爷爷沉默了良久，对一旁很着急的奶奶说："我出去寻个法子，找点吃的。"当时外面正烈日炎炎，爷爷已不记得走了多少路，流了多少汗，只身一人艰难地朝山上走去，途中遇到了下山的一群人，其中一人说："别去了，能吃的都'搜刮'得所剩无几

了!"爷爷不为所动,继续上山,最后在一个偏僻处摘了些野菜和树叶,回来把它们搓成泥,伴着糟糠,做成粗糙的面馍馍。尽管难以下咽,但却可以勉强充饥。所以,那时爷爷最大的梦想就是能让一家人吃饱饭、不挨饿。

等到了爸爸这一代,他印象最深的当属"熊猫牌"黑白电视机。改革开放后,爸爸坚信"勤劳能致富",每天起早贪黑、任劳任怨地拉煤送煤。慢慢地,我们家的生活有了起色,于是我爸和我妈有了一个共同爱好——逛街逛商场。1989 年的一天,爸爸将 510 块钱揣进了上衣内侧的口袋里,510 块钱,当时这数额可是相当的多,是我爸我妈一年的积蓄,两人商量着,决定去商场买个能看人影、能听人声的"大物件"——黑白电视机。据我爸回忆,那天,他们逛了整整一上午,我妈的脚后跟都磨起了水泡,在来来回回碾压了几条街,唇枪舌战、讨价还价几个商家之后,终于将心仪的一台 12 寸的黑白电视机抱回了家。虽然花了家里一年的积蓄,虽然只有三个频道,虽然一遇刮风下雨,就要不停折腾室外天线,但爸爸还是乐此不疲、想方设法地让电视有人有声。要知道,在那个年代有电视看是多么幸福的事。依稀记得每当晚上,一家人就会窝在小小的房间,一起满心欢喜地看着《西游记》《霍元甲》,那种美好惬意的感觉至今想起仍是暖暖的。

时光眨眼到了我这一代。我是一个 80 后,童年时,我眼中的"世界"仿佛一天一个样。原来骑自行车上班的人,有的骑上了摩托、开上了汽车。原来一排排低矮的小平房,有的变成了一栋栋傲然屹立的楼房。原来图像不清的黑白电视机,有的变成了宽屏清晰的彩色电视机。很快我长大了,在莱钢这片沃土上参加了工作,生活更是宛如芝麻开花般节节高。伴随着"互联网+"的快车道,我的生活越来越网络化,仅在购物这方面，现在的我更多的便是电商网购，只要有喜欢、需要的东西，我就会逛逛网络、选选商品，点点鼠标，快递到家。一次我给孩子买奶粉，我妈好奇地问："网上也能买奶粉吗？"我说："妈，您可是落伍了，现在网上的东西琳琅满目、应有尽有，没听过那句广告语吗？只有你想不到，没有你买不到。而且和逛街货比三家相比，网上购物可是货比百家千家。这里是现代年轻人的购物天堂。"

回首往昔，从凭票购物到现金购物、再到网上购物，我们的消费方式正变得越来越便捷，我们的生活正变得越来越丰富，我们的世界正变得越来越精彩。而我们对小康生活的理解与诠释也不再仅仅满足于物质的追求，还有了更多的精神期待，比如"世界这么大，我想去看看"，比如"或许眼前的'苟且'就藏着诗和远方"。

小康，这个中国人不懈追逐的梦想，历经千年的期盼、百年的奋斗，时至今日它就在我们的手边。让我们一起拥抱小康，拥抱未来。

陈立朋（焦化厂）

一路追梦前行

梦想是什么？有人说梦想是助人成功的基石，是催人奋进的号角，是勇往直前的源泉。我说，梦想就像茫茫人生大海中的灯塔，引领着生命之舟乘风破浪，最终到达美好幸福的彼岸。

梦想，人人都有，时代不同，梦想不同。但对每一个普通劳动者而言，梦想就是衣食无忧，就是安居乐业，就是稳定和谐。今天我要用我的所见所闻，说说我们家三代人的梦想。

我爷爷奶奶出生在战争岁月，见证了旧中国的积贫积弱，爷爷常说，年轻时最大的梦想就是一家人能吃饱穿暖。为了这个梦想，爷爷奶奶

一直在庄稼地里辛苦地劳作。60 年代的三年自然灾害，让生活变得异常窘迫，杨树叶、榆树皮都成了上好的主食。直到今天，爷爷还爱吃一些我叫不上名的野菜，放上豆面或花生面做成小豆腐，爷爷吃得津津有味。正因为吃过苦、受过难，知足常乐在爷爷那代人身上体现的淋漓尽致。

随着物质生活的持续改善，爸爸妈妈的住房梦则伴着我的成长而不断延伸。我出生时，生活条件不算富裕，住在简陋的平房里。每逢冬天取暖，爸爸妈妈就要从入秋开始储备煤炭，为生炉子做准备。进入 90 年代，中国经济飞速发展，莱钢也搭上了改革开放的快车，职工的物质生活条件有了很大的提升。我们家搬进了梦想已久的新楼房里，房间宽敞明亮，也有了暖气。2014 年，我们家又迎来了生活的重大改善，爸爸妈妈又实现了住上大房子的梦想，而且是带小院的一楼。爸妈高兴地合不拢嘴，在小院里种上了各种蔬菜和花草。退休后的妈妈，俨然成了地道的菜农，抓虫、刨地，成了她最快乐的事。

　　生活需要打拼，梦想需要奋斗。他们用实际行动告诉了我一个道理："只有努力奋斗，才能实现自己的梦想！"

　　如今的我已成家立业，两岁的孩子成了两家老人轮流争抢的宝贝。看着日新月异的变化，爷爷说，不敢想；爸爸说，想不到；我说，改革开放几十年的变化催人奋进。

　　路在脚下，梦在心中。伟大复兴的中国梦需要我们足履实地、奋发作为，幸福美好的小康生活需要我们持续奋斗、勤劳创造。让我们携起手来，戮力同心，众志成城，踏着时代的鼓点，吹响奋进的号角，一路追梦前行！

　　　　　　　　　　　　　　　　　　宋 雪（型钢炼铁厂）

我的梦想我的家

2014 年央视春晚上，黄渤演唱了一首歌曲《我的要求不算高》，歌词演绎了普通老百姓心中的梦想，唱出了人们实现中国梦、创造小康生活的信心与期待。作为这个城市中最普通的劳动者，自然，我也有我的梦想。

2005 年 7 月，我告别学生时代，踏上了这片生产钢铁的土地。运输部单身宿舍里二楼东侧的一间屋子是我最初的家，在这里，我深深地感受到了企业大家庭的温暖。为了让我们这些刚走出校门的青年人能住的舒服一些，部里提前粉刷了宿舍墙壁，安装吊扇，购置新的桌椅橱柜，看着这个温暖舒适的小家，内心是满满的暖意。白天上班适

应新的工作环境，晚上就和同来的校友围在一起打打扑克，聊聊天……中秋、元旦，我们这些远离家乡的游子，便聚在一起吃个团圆饭。至今，那些温馨的场景仍历历在目。

一年后，在家人的催促下，我和老公结束了六年的爱情马拉松，领取了结婚证，同事们帮忙张罗着，举办了一个热闹又简朴的婚礼。婚后，我们把自己的小窝定在了运输部的一处平房，这里离上班的地方近，每月租金150元，刚好适合我们。班组的师傅们利用工余时间为我们粉刷墙壁，修理门窗，买了些必备的生活用品后，我们就正式入住了。

与楼房相比，我更喜欢平房的通透和舒适，屋后的两颗大杨树，相互依偎着生长，茂密的枝叶向四面展开，搭起了一个绿色的凉棚。院子里被我种满了花花草草，虽不是什么名贵品种，但也能感受到一份难得的宁静和温馨。

可是平房也有不尽如人意的地方，这里靠近铁路，每夜都要伴着火车的汽笛声入眠；夏天蚊子多，下水道年久失修，暴雨过后，院子里的积水能养泥鳅，到了冬天更是难熬，没有暖气，只能用电暖气，窗户用塑料布封住，睡觉时要盖上两床厚厚的棉被。让我印象最深的就是2008年冬天的一个周末，那天实在是太冷了，凛冽的西北风夹杂着细碎的雪粒，吹在脸上像刀割的一样，那晚老公要值班，他实在不放心身怀有孕的我一个人在家，便把我带在身边。可是出门时匆忙间忘记了锁上屋门，等晚上回到家才发现，寒风把屋吹了个通透，水桶里结了厚厚的冰。那时，一个梦想涌入我的脑海：努力工作，加紧赚钱，早日住上夏天蚊子少、冬天有暖气的房子！

直到女儿的到来，看着那么粉嘟嘟的一个小人儿，实在不忍心让她在清冷的平房里过冬。于是，我们便租住了云澍园里的一套楼房，公公婆婆也从老家赶来为我们照看孩子，老人的淳朴、善良和大度，让我们一家其乐融融。

我顺利考取了国家软件设计师、系统分析师证书，提前三年晋升为中级职称；老公由于在工作中表现出色，连续多年被中钢协评为冶金系统优秀信息工作者，并获得公司杰出青年岗位能手称号，我们的小家也获得运输部"学习型家庭"。随着存款单上的数字不断刷新，拥有一套属于自己房子的梦想愈加强烈，我们下决心买房定居，在企业大家中建设自己的小家。于是，我们也加入了买房摇号的大军，在经历过数次摇号失败后，又把目标转移到了二手房上。不停地联系房源，看房子，最终选定了一套小两居。房主要求交付现金，在付款的前一天，我们把所有积蓄都从银行取出来，整整齐齐的码放在桌子上，当存款单上那些抽象的数字兑换成这一摞摞钞票时，猛然间我的内心五味杂陈：五年了，在梦想的支撑下，我们如同小小的蜗牛一般慢慢前行，在城市的柏油路上用力踩下属于自己的脚印。今天，正是梦想成真的

日子，往日的辛酸和苦涩在这一刻烟消云散。在这个虽然小但很温馨的家里，简单实用的装修设计，处处是我们亲力亲为；老人、孩子的笑声传递出幸福。这，才是我们的家！

圆梦的过程酸甜苦辣，一路艰辛，一路汗水，我们始终保持积极进取的姿态。其实，历经磨难的中国人最爱做梦，也坚信只有奋斗才可能圆梦。

小康梦，要靠我们双手来绘制；强企梦，要靠全体钢铁人来铸就。面对钢铁寒冬，正是有了全体钢铁人的奋发图强、不懈坚守，我们的企业才在改革转型中迎来了新的发展。

中国梦，吹响了凝聚中国力量的奋进号角，我们每个人在实现人生价值的同时，更能享受到小康生活的惬意，感知到梦想实现后的荣耀。我坚信：给梦想一点时间，给理想一把梯子，只要奋斗，终能实现！

张爱华（运输部）

钢铁中的家园

男： 我生在莱钢，长在莱钢，钢铁就是我的家园。我心在莱钢、身在莱钢，钢铁就是我的魂魄。我只是一粒破土而出的种子，但我坚实的筋骨、挺立起从容的希望，立志成为一棵参天大树为你挡风遮雨，从不动摇。我的情与你相牵，我的心与你相连。我，就是你斩钉截铁的誓言。我用拼搏的激情，融化了风雨，穿透了雾霭。我与生俱来的豪迈，开山劈岭一跃千里。于是，有了龙腾汶源，有了凤鸣岐山。有了银山侧望，有了扬帆远航。如今的钢铁是我们的脊梁，现在的莱钢已经成为承载我们幸福生活的家园！

女： 回想四十年前的莱钢，生活上紧张得吃不上、穿不上。而现在呢？人们是愁得不知道吃什么、穿什么。我记得我小时候爷爷这样问过我，孩子，你知道楼上楼下、电灯电话是什么样的日子吗？儿时的我懵懂地看着爷爷说，不知道。爷爷抚摸着我的头，坚定地对我说，那就是小康生活。为了这个凤愿呐，爷爷在莱钢干了一辈子，住上了楼房，打上了电话。爷爷心里那个满足啊，别提有多高兴了！四十年前人们还在为吃穿发愁，四十年后不光是吃穿不愁，莱钢人还家家都有了代步工具——小轿车，这是以前人们想都不敢想的事儿啊。莱钢人通过四十年的努力和奋斗，把梦想变成了实实在在的现实生活！以前人们迎着朝霞健步飞驰，伴着日落湖畔骑行，现在人们又从车里走出来，把运动健身、提高生活质量作为更高的生活追求。生活好了，吃喝不愁了，大家现在更关注的是如何让自己身体更棒、心情更好！

男：是啊，一排排巍峨高耸的楼宇、一座座崭新明亮的厂房、一阵阵孩童的欢声笑语、一曲曲赞美未来的歌唱！昔日的荒山矗立起现代化的钢城，一代代莱钢人正用奉献浇灌出钢铁之花！

女：曾几何时，我们羡慕坐在操作室里控制按钮的他们，而今，我们是新时代的钢铁工人、金牌职工、数字轧钢；曾几何时，我们渴望有着宽敞的卧室、干净的厨房，而今，我们的小区温馨恬然、花香景美，让人向往！

男：谁能告诉我，昔日落后的钢城，几时变得这么富有、这么繁华、这么明亮？谁能回答我，昔日陈旧的厂区，几时变成一个花园、一道风景、一条画廊？

女：我告诉自己，是我们一辈辈莱钢人矢志不渝的努力，是我们的企业让我们挺起笔直的脊梁！

我们告诉自己，这一切来源于我们国家的繁荣昌盛，而这一切更来源于我们企业的壮大富强！

男：这是一片生长钢铁的土地，我们在这里种植希望、培育梦想。我们把自己对未来的期望和对小康生活的憧憬，用一辈辈莱钢人的汗水浇灌，让它生根、发芽、成长、壮大。我是每天隆隆而过的那张钢板，是你努力工作时留下的一滴热汗。但我年轻的躯体里流淌着沸腾的血液，我把建功立业的豪情写满春天，我把对美好生活的向往种植在春天。

女：我记录下那轰鸣的轧机，在金属的撞击中，用星星火光在未来的蓝图里徜徉。我记录下你轧机映照的脸庞，是你的身躯，笔直而伟岸。钢铁中的家园，正如你如火的旗帜，历尽沧桑却永远辉煌。

男：生活在这样一个时代是幸运的！钢铁中的家园，是我们美丽的中国梦、强企梦。再回首，我们心生感慨，成长的轨迹总是布满荆棘，道路曲折。曾经古老的蒸汽机车，伴着黑色的煤块和晶莹的汗水，在曲折的道路上默默摸索；昔日陈旧的钢铁轧机，随着历史的脚步和远眺的渴望，任岁月的双手将我锈迹斑驳。

女：生活在这样一个企业是幸福的！钢铁儿女步履矫健，因为心中镌刻着一个实现小康生活的坚定梦想。我们是你鲁中大地的守望，是你崭新时代的期盼，是你响彻历史的钟声，是你弹奏梦想时的黑白琴键。钢铁中的家园，是我们小康生活的向往。看未来，我们豪情壮志，奋斗的路上我们肩负着十里钢城的生生不息。那一张张驶向远方的钢板，见证着银山的变迁，见证着缓缓流淌的汶河，孕育着新的希望，谱写着新的篇章！

洪　刚　冯　璟（宽厚板事业部）

携手奔赴小康路

党的十八大为我们描绘出了一幅全面小康的宏伟蓝图，构建和谐社会是我国全面建设小康的重要内容之一，作为新时代的年轻人，我们责无旁贷，那么，怎样才能为建设和谐社会增光添彩呢？我认为，首先要经营好自己的家庭，以情爱为纽带，以家庭成员的全面发展和幸福为目标，营造积极向上的家庭价值取向、平等自由的家庭关系、民主宽容的家庭氛围、科学健康的生活方式，以家庭和谐促进社会文明。今天与大家分享的就是我们家在奔赴小康路上的幸福片段。

家人齐心梦想成真

2005年，我和身为独生子的对象结婚，结婚后我们和公婆一起住在60多平米的两室一厅里，这对于80后的我来说是一个挑战。谁不想拥有自己的独立空间，但是现实条件不允许，当时我和老公的工资收入不高，公婆的退休工资也有限，儿子出生后，一家人就更显得拥挤，那时候我心想的就是什么时候才能住上一套大房子。随着社会的不断发展，企业的效益稳步提升，我们的工资收入逐步增长，公婆的退休工资也翻了一番，我们不仅换了大房子，买了车，还从海边买了套海景房，我们一家五口经常开着车到海边度假，晚上和婆婆在海边散步时，婆婆也由衷地感叹，这样的日子，以前想都不敢想。是啊，我何其幸运，赶上了好时候，生在了这样飞速发展的时代，拥有这样惺惺相惜、善解人意的家人，让我的梦想得以成真。

婆媳闺蜜相帮相携

婆媳亲，全家和。婆婆退休之后最大的兴趣就是跳舞，她是莱钢老年舞蹈团的演员，代表莱钢多次参加舞蹈大赛，得过金奖。而我业余时间也喜欢跳舞、唱歌，相同的爱好成就了我们之间虽是婆媳却更像闺蜜的相处模式。随着家庭收入的稳步提高，我们加大对儿子的教育投入，儿子喜欢电子琴，我们不仅为他买了琴，还送他上专业学校培训，儿子多次参加了莱钢举办的消夏晚会，还在全国电子琴比赛中荣获过二等奖；去年我们又为他添置了双排键，儿子不仅喜欢音乐，他的儿童画也获过全国创意金奖，学习成绩也是稳步提升，年年被评为三好学生，全家人都为他感到自豪。婆婆经常跟我说，现在的生活多好啊，以前哪有这条件啊。的确，企业给我们搭建了这么多、这么好的平台，让我们有了展现自我、展示幸福生活的机会，我们唯有珍惜、庆幸和感恩。

信息时代高速快捷

在日常生活中，我特别注重老人的心理需求，去年，我给婆婆买了个智能手机，教给她下载舞曲视频，还教她用手机玩微信，上网买东西。过去婆婆学习一个新舞蹈需要先买好光碟后再练习，现在直接把手机拿到现场，边看边跳，非常方便。婆婆现在已经是时尚达人了，从衣服到日用百货都在手机上买，没事就挂在网上和舞友们聊天、发微信。2014年婆婆患甲状腺结节，我和老公在网上预约了一家省城的甲级医院，给婆婆做了微创手术，手术做完后婆婆随口便来了一段："看病不排队，手术不动刀，伤口不留疤，心里乐哈哈！"节假日的时候，我们一家经常一起从网上订票、订旅馆，来一场说走就走的旅行。惬意的生活带给我们无限的活力，让我们在各自的领域内尽情展现，我和老公的工作也做得有声有色，多次被评为厂先进、金牌员工，还都当上了班长，我们一家也被评为炼钢厂学习型幸福家庭，2016年公司"三八"表彰会上，我又被评为"十大好儿媳"。

家是最小国，国是千万家。千千万万个家庭是国家发展、民族进步、社会和谐的重要基点，作为千千万万个家庭中的一份子，我们正行走在全面建成小康社会的路上，祝愿天下所有的家庭都紧跟时代的步伐朝着梦想一起飞，祝愿我们的祖国早日实现国家富强、民族振兴、人民幸福的中国梦！

王 静（炼钢厂）

我们共同的梦

　　小康，一个伴随我们成长的名词。记得小时候，无论是走在大街小巷，还是自家院落的小喇叭广播，都会听到"小康"这个词。"奔小康""小康社会"这类词语已经深深地注入我们血液中，但我时常在心里打一个大大的问号，小康究竟是什么？

　　姥姥说："年轻时家里穷，家里六个孩子靠她一个人的力量维持生活，那时村里喇叭天天喊着'楼上楼下、电灯电话'，做梦都想着，这楼上楼下，电灯电话到底是个啥样的？"当九十多岁的姥姥看到我们人手一部手机，联系如此便利的时候，她不禁感叹社会发展之快。

父亲说："刚参加工作时，一个月几块钱的工资，年轻、饭量大，又要承担家庭重任，家里剩的钱不多的时候，只希望每天能吃一顿饱饭，看到别人骑着'大永久'，更觉得那是一个遥不可及的梦。"转眼间曾经的"四大件"已成为历史，如今生活也越来越好了。

记得小时候，电视剧里的主人公开着私家车，住着高楼，而自己一家人挤在三四十平米的小房子里。那时的我多么渴望自己拥有一辆儿童自行车，晚上躺床上伸出胳膊假装握住自行车把，两条腿模仿着蹬自行车，每天重复一遍又一遍，直到累得腿酸胳膊疼才安然睡下。

如今工作了，手里攒了些钱买了人生第一套房，闲暇时站在窗前眺望远处的风景，青山碧水，明月小楼，不禁感受到现在优越的生活给我们带来的那份惬意。后来，我对汽车产生了浓厚的兴趣，睡觉之前开始模仿开车的姿势，"慢松离合，轻给油"成了我的口头禅，妻子看我兴致这么高，凑凑积蓄又买了我人生中的第一辆车。

三代人的生活轨迹演绎一段历史变革，说起的都是"小康"的情怀。谈起"小康"，身边的同事说起他的感受。以前，面朝黄土背朝天的耕作，辛苦一年才够一家的口粮，如今站在田间地头看着联合收割机直线走个来回便能感受到丰收的喜悦。话匣打开，同事们便纷纷讲起"小康"带给他们的感受。试想我们的周围，机械化、信息化带来的便捷，越来越让我们感受到时代发展的太快，以前遥不可及的奢望如今都成了现实，我们都成了"小康"之路上的最大受益者。

党的十八大报告提出了"全面建成小康社会"的宏伟目标，从"建设"到"建成"，这一改变掀起了全新的历史开始，东方红的魅力正跃跃欲试地从地平线升起。

从改革开放的宏伟布局到全面建成小康社会的美好蓝图，转眼间

走过三十多年的光阴，短短的三十年我们走完了资本主义社会百年发展之路。

"更好的教育、更稳定的工作、更满意的收入、更可靠的社会保障、更高水平的医疗卫生服务、更舒适的居住条件、更优美的环境""孩子们能成长得更好、工作得更好、生活得更好"，2012 年 11 月 15 日，刚刚当选中共中央总书记的习近平，用朴实的语言，道出了人民心中的梦想，拨动了海内外中华儿女的心弦。这个梦想，是人民对民族复兴的美好憧憬，是全面小康的群众表达，是党的十八大描绘的全面建成小康社会的生动呈现。

我记得功夫巨星、慈善家李连杰说："我的一生有三个梦想，就是武术梦、电影梦和公益梦，我的下一个梦想是把中国太极推向世界。"他的梦想是走向世界的舞台，而我们的梦想可能更简单。最近我很喜欢看一部《大国工匠》的纪录片，里面展示的是工匠的高超技艺。面对当下严峻的市场形势，我们恰恰缺少的就是这样的工匠精神。作为一名一线职工，如果你是轧钢专家，你是炼铁岗位大拿，你是全国冶金技术能手，我们企业如果有一个这样的人，那么就是岗位上的模范，有一百个，我们企业就是强企，有一千或者一万个，我们就可以撑起世界的脊梁。

如今的神州大地上，全面小康与中国梦相互激荡成人民生活的幸福图景，凝聚为全社会的"最大公约数"。如果我们每一个人都心怀一个梦想，那么梦想就像涓涓细流终有一天会汇成江河大海，每个人的梦想便是中国梦最美的希冀。

王海州（板带厂）

劳模世家共筑中国梦

中国有梦，我也有梦。中国梦与个人梦唇齿相依，千千万万个人梦想的实现，便是"中国梦"的实现。今天，我宣讲的题目是"劳模世家共筑中国梦"。

我没有见过我师傅的师傅的师傅，他叫杨宪胜，今年已经80多岁了，他在20世纪50年代曾经获得省、部级劳动模范荣誉称号。听我师傅的师傅讲，他的师傅原则性强，从不沾国家一分钱的光；他的师傅手艺高，工作中就没有问题把他难倒；他的师傅品格好，加班加点从不计较个人得失……我师傅的师傅还讲，他的师傅那代人吃了很多苦，饿着肚子，一代人干了几代人的活。那时候，杨宪胜梦想能有一辆自行车就好了，那便可以节省出很多时间投入到工作中去。

其实师傅的师傅也饿过肚子，他叫杨德法。1970年，风华正茂的杨德法由一名军人成为一名钢铁工人。他的第一个岗位是土法烧结扒结工，脏累、小车推、大锤砸、烟熏火燎、粉尘大，班产60吨，全凭人工，劳动强度之大今昔无可比拟。然而在这样的艰苦环境中，饿着肚子依旧豪气冲天、干劲冲天，一门心思为国家钢铁事业贡献力量。随着改革开放政策的实施，经济社会各项事业都得到平稳推进，师傅的师傅终于真正吃饱肚子了。

薪火相传，继往开来。杨德法不仅学会了师傅精湛的技术，还把吃苦耐劳、无私奉献的劳模精神传承下来。1985年，竖炉大水梁一根无缝钢管爆裂导致无法生产，必须在12小时内恢复生产，否则高炉就要"断粮"！面对故障，杨德法主动请缨。排净料后，炉膛壁温度仍有几百度，杨德法身着石棉衣第一个进入炉膛，出来时石棉衣上冒起了青烟……他以拼命三郎的实干赢得了领导和同事们的认可，这一年他被授予"莱钢劳动模范"荣誉称号。

在平凡中铸就伟大，杨德法近四十年如一日爱岗敬业，任劳任怨地奉献着，他也相继获得"省革新能手""富民兴鲁劳动奖章""省劳动模范""全国技术革新能手"和"五一劳动奖章"等诸多荣誉称号，成为莱钢工人鲜活的榜样和光辉的旗帜。他获得全国五一劳动奖章时，上级奖励他一辆自行车，终于圆了师傅的梦。骑着崭新的"大金鹿"上下班，别提师傅的师傅心里有多美了。

接下来该说说我的师傅陶宗江了。我认识师傅时他刚刚在党旗下庄严地宣誓，成为一名光荣的共产党员。在两代劳模师傅的荣誉压力下，陶宗江一入"师门"就有了"劳模的徒弟决不给师傅丢脸"的雄心，并立下让"劳模精神代代相传"的壮志。于是，我的师傅勤学苦练，事事不落人后，不仅如愿地入了党，还担当了工区长，并连续三年获得厂劳动模范荣誉称号。我的师傅很早就买了摩托车，每天在宽阔的莱钢大道上上下班，心里别提多惬意了。

现在，由于工作原因，我离开师傅走上了质检站化验岗位，进厂原燃料质量检验工作，既是高风险岗位，又是降本挖潜任务的一项重要工作，稍有纰漏就会给莱钢带来巨大的经济损失。在工作中，我既热情为客户服务又严格把关，既不畏惧不怕客户的威胁，又拒绝他们的糖衣炮弹。因为在我的心中铭刻，我的师傅以及他的师傅的师傅都是"劳动模范",我不能给他们丢脸!

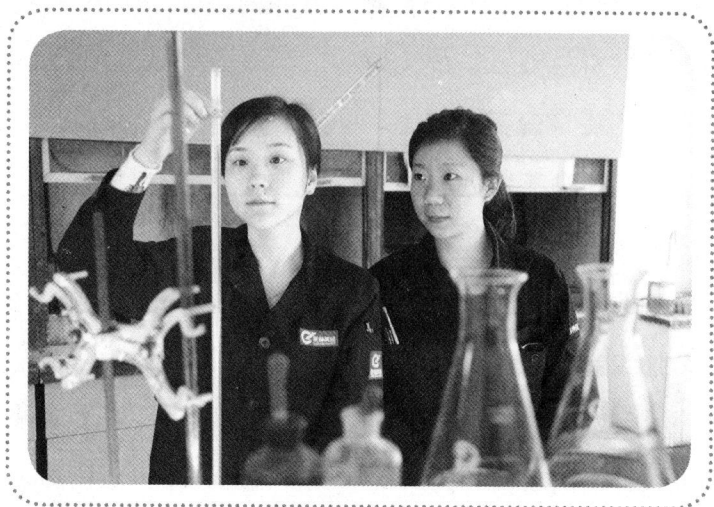

　　劳模不仅是一种荣誉,更是一种精神,是一种对职业、对社会、对国家的道德感、责任感和使命感。无数劳模们为了他们心中的梦想抛头颅洒热血成就了我们的今天,同样,我们也要留下厚重的一笔,把这种精神转化为爱岗敬业的实际行动,不断追求一流的技术水平,干出一流的工作业绩,创造一流的工作效率,成为后来人继续追梦的奠基石。

曲　泉（分公司炼铁厂）

一 个 馒 头

说起中国梦,在我看来,无论是"民亦劳止,汔可小康"的社会理想,还是陶渊明梦幻的桃源圣地,乃至党的十八大报告中提出的"2020年我国将全面建成小康社会",这绵亘数千年的"中国梦"都把物质标准放在了第一位。

我所理解的中国梦虽说有一些物化的指标,但绝不和"豪宅香车、锦衣玉食"的片面理解相苟同,并不意味着人人都过上富豪般的奢侈生活,而是说我们能够有丰足的收入,既无消费匮乏之虞,又无后顾之忧,人人能学有所教、劳有所得、病有所医、老有所养、住有所居,全国人民都有能力、有条件而且有闲暇尽情地享受生活的甜美。

说到这,我想问大家一个问题。先问现场年轻一些的朋友吧。说到一个馒头,你能想到什么?或许很多和我年纪相仿的朋友都会有些发蒙:一个馒头怎么了,很普通啊,这能意味着什么?那我想再问一下我们的中年朋友,一个馒头让你们想到什么?下班回家要捎饭?晚上是买馒头回家还是蒸米饭?抑或是有馒头吃的一种开心的感觉?

说起馒头,还要从一次在爷爷家吃饭时聊天开始说起。记得那次在爷爷家吃饭,叔叔家的妹妹哭着闹着嫌家里的饭不好吃,要吃肯德基。爸爸和叔叔们就唏嘘起来,说现在的孩子都惯坏了。回想起他们那时候,放了学回家就要忙活一家人的饭,早年能吃饱就算不错了,后来日子

好点了能吃上一个白面馒头都高兴得不行，哪里知道"肯德基"。爷爷也发话了："还吃白面馍馍？我们年轻的时候，天天忙着打鬼子，随时都会没命，还惦记着吃饭？树皮野草，啥没吃过！现在日子好了，我从来都不敢想象，我会有吃馍馍吃够的一天！"

爷爷是一位老党员了，从抗日战争到解放战争、再到现在，已经快90岁的他可谓是亲眼见证了祖国从贫穷到现在这翻天覆地的变化。时至今日，爷爷还经常会说起那句："我从来都不敢想象，我会有吃馍馍吃够的一天！"或许这看似再普通不过，对于现在任何人来说都随手可得的一样东西，但对于爷爷那一代人来说却是一种奢望！

爷爷那一代人梦想，正是由像我们一样的亿万普通老百姓的努力才得以实现。时至今日，虽然我们早已不再为"一个馒头"而发愁，但并不代表我们就可以不再努力奋斗！相信很多人都看过《士兵突击》这部电视剧，其中有一句让我记忆最深刻的话，叫："不抛弃，不放弃！"我觉得，我们对待工作也应该有这样的态度。实践证明，企业再大也当不了员工的"保姆"，无论是对企业来说，还是对员工来说，谁的陈腐观念不转变、懈怠思想不根除，谁就会在改革转型的十字路口迷茫徘徊、失去先机。我们应当主动克服怨天尤人、等靠依赖、不敢担当、缺乏活力等"小天地"思想，而是要眼界更宽一些，境界更高一些，查找问要有深度和新视角，把准出拳的分寸和着力点。要以"靶向落实""精准发力"为工作基础，推动各项工作取得实效，干在实处，善于"对比分析看企业"，巧借他山之石，时刻对照岗位工作要求，挖一挖因循守旧的思想根源，量一量思想解放的程度和创新创效的实绩，坚持对标学习先进企业，找出破解企业减亏增效、扭亏增盈的思路办法和有效途径。

积少成多，涓滴成河。在企业生产经营困难时期，更需要我们从点滴着手，细算账，从小事做起，勤节约，以时不我待的干事激情，勇往直前的昂扬斗志，敢为人先的创新精神，抓铁留痕的务实作风，抢抓市场机遇，做强产品比较优势。

朋友们，一代一代中国人的梦想都已实现，小康情早已不再是一个远大的梦想。只要我们每一个人都努力奋斗，我们的企业，我们的国家必将迎来崭新的明天！

孔德志（棒材厂）

祖孙三代圆梦想

梦想，是生活的航标；梦想，是美好的憧憬；梦想，是理想的翅膀。正是每个人心中的梦想，把希望一代一代传承，一代一代的发扬光大。

我的老家是淄博市淄川区的一个偏远山村，是一个四面环山，靠天吃饭的小村庄，村庄里炊烟萦绕、犬吠鸡鸣，没有丝毫的喧嚣与波澜，唯一能够与外界取得联系的，便是一条泥泞不堪的羊肠小道。三四十年代，新中国还没成立，农民收入微薄，勉强度日，遇上灾荒，再加上兵荒马乱，老百姓的日子更是苦不堪言，民不聊生。爷爷家，有4个长身体的小伙子，个个很能吃，致使全家人的生活更加窘迫，往往是吃了上顿没下顿。十一届三中全会以来一系列富民、惠民政策的出台，使老百姓的生活发生了翻天覆地的变化，日子越来越富裕了。爷爷总是抚摸着我的头说，你们这一代赶上好时候了，要记住，没有共产党就没有今天的幸福生活，要热爱祖国，要感恩社会。

对于父亲来说，上大学，曾是他的梦想。然而，高考失利，与大学失之交臂。父亲为了减少家庭的生活压力毅然放弃了复读。年仅十八岁的父亲成了淄川矿务局一名煤矿工人。我无法想象，为了生计，父亲得多流多少汗水和泪水；我无法想象，为了每天两块钱的工资，十八岁的他每天是怎么徒手装车2吨煤的。但是，父亲说，在那个年代，能有活干，哪怕是几毛钱，已经是让人心满意足，能当一个煤矿工人更是有许多羡慕的目光。父亲是一名爱岗敬业的工人，他用青春装点着矿山的光彩，用汗水浇灌着自己的梦想，用勤劳的双手和踏实的脚步创造着温暖和光明。后来，父亲辞去了煤矿的工作，回到了村里，当起了村支部书记。那时候父亲的梦想，就是要带领全村脱贫致富。怀着满腔的工作热情，凭着在煤矿炼就的意志和气魄，肩负村里老老少少希望重任的父亲，带领全村人承包工程、修缮道路、发展经济。渐渐的，泥泞小道变成了水泥马路，土坯草房变成了小区公寓，"凤凰大梁"变成了四轮小轿，靠天吃饭变成了产业发展。随着村里经济的发展，把我们村建成了社会主义新农村。一幅幅社会主义和谐新农村的美丽画卷展示在眼前：蓝天白云，青山绿水，鸟儿欢唱，百花齐放，宽敞明亮的楼房，休闲度假的别墅，掩埋在绿树丛荫之中。父亲用自己的努力改变着村里的发展面貌。父亲的富村梦正在一步一步变为现实。

2008 年，我来到莱钢加入了型钢厂这个大家庭。就在我到莱钢报到的前夕，父亲对我说，虽然你们这一代人生活越来越好，但是吃苦耐劳依然是成就一个人的基本素养，要干一行爱一行专一行，不管干什么，都得干出点名堂来！我上班的第一个月就领到了 1600 多元的工资。拿到工资第一件事就是给爷爷和父亲打电话显摆。为这，老爸还有些"愤愤不平"，觉得我怎么才上了几天班就拿这么多工资？虽然 2008 年全球金融危机使莱钢的发展受到了阻碍，但面对危机，我们莱钢人围绕"保生存、求发展"，心往一处想，劲往一块使，为生存发展献计献策，贡献智慧和力量，同心同德、抱团取暖，共同渡过难关。

光阴似箭，岁月如梭。2011 年我有了自己的家庭，有了自己的房子。2012 年买上了自己的第一辆汽车。2013 年有了我最可爱的女儿，我也成了一名父亲，闲暇时我会给孩子讲述我的爷爷和父亲的故事，节假日的时候，我开着小车领着孩子回老家陪父母，因为方便，有时下了白班说走就走，回老家还能赶上热乎的晚餐。交通方便，道路宽敞，交通工具便捷映照出了条条大道通家乡。

听，和谐之声正从我们耳畔轻轻拂过；看，笔直宽广的小康之路正向前延伸。小康——一个来自远古的美丽梦想，一个祖祖辈辈苦苦追求的愿望，当 21 世纪的钟声敲响，一个伟大的民族，终于走在洒满阳

光的小康路上。习近平总书记曾说："辉煌成就已载入民族史册，美好未来正召唤着我们去开拓创造。让我们更加紧密地团结起来，朝着全面建成小康社会、加快实现社会主义现代化的宏伟目标奋勇前进！"

谭明林（型钢厂）

中国梦·党在心中

娘问俺入党了吗

2007年12月的那天，我在忙工作，突然手机响起，是娘从老家打来的。娘喊着我的乳名，大声急切地问："你入党了吗？"听娘的口气，那一刻我要说没有，她老人家该有多么伤心。得到了满意的答复后，娘哈哈大笑着说："刚才公家的人来调查老四的入党问题，想起咋没来查你的呢？原来早就入了。你这闺女也不言语一声。行了，入了就行。"容不得我插话，依稀听到电话那头夹杂着小妹的声音："娘，大姐早就入了，跟你说，你还不信，这下放心了吧。"

参加工作快30年了，工作中进步的事情我都向娘汇报，就入党这件事，因为我比老二晚了十几年，也就羞于向娘主动提起，谁知她老人家还真不糊涂。我就想，娘一个农村妇女，生活在封闭的小山村，

不识字，没文化，扳着手指头也算不清咱共产党成立多少年，为什么那么记挂我的入党问题？

娘对共产党的热爱是发自内心的。有一次娘眼里闪着泪花说："要不是党的好政策，就没有咱全家现在的好生活。咱庄户人也过上了楼上楼下电灯电话的好日子，农村有了合作医疗，种地也不让交税了，谁能想到会有这样的好光景。娘老了，光享福了。"我知道种了一辈子地的娘，此时的泪，是激动的泪、是幸福的泪、是对共产党感恩的泪。

正是娘的谆谆教诲和娘对共产党朴素的感恩之情，促使我对党逐渐有了清晰的认识，并怀着崇敬之情写下了第一份入党申请书。但成为一名正式党员，则是来自党组织的培养和身边优秀共产党员的激励与感染。

记得我刚到特钢上班时，看到"农村包围工厂"的厂区环境和几乎为零的文化生活，年轻的我一心想着离开这不毛之地。师傅李绥祖，一名莱钢优秀共产党员、山东省金牌职工，给我讲起了第一代特钢人在这荒山野岭上艰苦创业的故事。师傅说："小王呀，我们那个时候党叫干啥就干啥，只要看到山顶上那面鲜艳的党旗，就浑身是劲儿。大家一起啃粗粮，住窝棚，开山劈岭，硬是在这个贫瘠的山沟里，建起了全省第一座 1.5 吨电炉啊！"是呀！正是在师傅这样的优秀共产党员感召下，陆续建起了 5 吨、10 吨、20 吨、50 吨电炉及大中小型轧材生产线，一直到今天的 100 吨大电炉生产线，企业有了突飞猛进的发展。伴随着企业改革发展的步伐，我在党组织的培养关怀下，跟着师傅学技术，学做人，很快成长为一名优秀的女工程师，并坚定了跟党走的信念。是师傅把我领进了党的大门，我终于成为中国共产党的一员。

我的现任领导陶务纯，山钢优秀共产党员，他的一言一行给了我很大的震撼。我们特钢100吨电炉生产线的主体设备全是国外进口的，为了尽快达产达效，陶务纯带领我们技术人员硬是在短短几个月的时间里，把设备运行从无序调整到可控状态。他常常是工作连轴转，一周不回家成了常态。有一次孩子想爸爸了，就叫妈妈包上饺子，从莱芜找到了工地现场。当看到爸爸满手油污忙碌的背影时，孩子哭了，在场的所有人也都被感动了，但他疲惫的脸上始终洋溢着微笑，一身干劲似乎永远也使不完。从他的身上我看到了啥叫对党忠诚，啥叫无私奉献，啥叫党员的先锋模范作用。

正是这些优秀的共产党员，用责任和担当，团结带领一代代的钢铁人创造了一个个的奇迹，支撑起我们的钢铁强企梦。他们身上满满的正能量给我心中注入了一种精神、一种激情、一种信仰，这信仰时刻催我跋涉，催我奋斗！自入党以来，我始终牢记自己是一名党员，把责任和担当扛上双肩，急难险重的任务抢在前，立足平凡的岗位做贡献，我也被评为特钢优秀共产党员，给党旗添了彩！

娘的问话已过去了十年，但至今让我深思：娘记挂的仅仅是我入党这件事吗？不，娘是以入党来判定我进步了吗；路，走对了吗。因为娘明白，只有跟党走才不会迷失方向，跟党走才是人间正道！

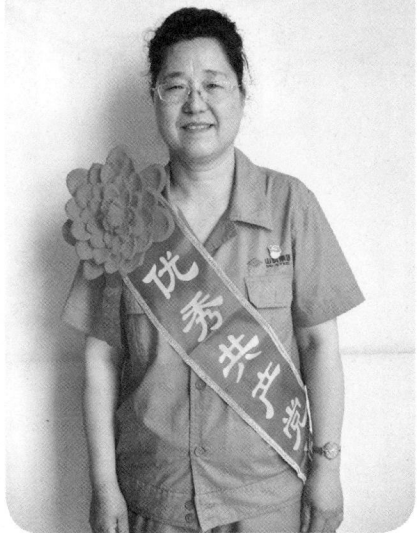

今天我再一次向娘保证：娘啊，放心吧！此生我永远把党放在心中最高的位置，不忘初心，永远跟党走！

王红芝（特钢事业部）

一个老党员的赤子情怀

2017 年的 2 月 5 日，春节假期刚刚结束，年味还很浓厚。在莱钢，一篇题为"一个老党员的特殊党费"的微信刷爆了朋友圈。大家纷纷转发、点赞。留言更是一浪高过一浪：太感人了，请收下我的敬意；拳拳爱国心，浓浓赤子情，向这位老人致敬……这究竟是一篇什么样的微信，怎么会引起大家如此高的关注呢？

其实，微信群里晒出的，是一张普通却又并不普通的汇款单。

说它普通，这张汇款单和我们常见的别无二样。说它不普通，是汇款单的内容。收款人是中共莱钢集团组织部，汇款金额 2 万元整。下面还有附言：特殊党费，捐给国家第二艘航母建设。而签名一栏里填写的是：中共党员，莱钢退休职工。

大家在点赞、转发的同时，也在纷纷猜测：这位老党员是谁？

同样的问题也困扰着莱钢集团组织部的孟科长。拿着手里的汇款单，孟科长不由得想起了他经手过的另一笔 2 万元汇款，他清晰地记得，那是 2012 年 6 月底，收款人也是中共莱钢组织部，附言栏里写着：党的生日即到，这是我的党费，为建航母保国门。署名也是"中共党员"。一模一样的汇款单、相同的金额、相似的附言，不同的只有时间。孟科长心里既感动又疑惑：这两个神秘人到底是谁呢？会不会是同一个人？

带着疑问，组织部的工作人员找到了办理汇款业务的邮局职员小赵。小赵记得，当时来办理业务的是一名 80 多岁的老人，衣着朴素，推着一辆破旧的老式自行车。老人说，这笔党费应该在去年党的生日时候缴纳的，但那段时间生病了，所以拖到了现在。言语间，老人还颇有自责。除了这些，小赵没能提供更多信息。

仅凭这些线索寻找一个人，犹如大海捞针。但大家并没有灰心，又辗转找到了 2012 年为化名"中共党员"的神秘老人办理业务的邮局职员马慧。

提起此事，马慧记忆犹新，老人言语不多却慈祥和善，办理完业务，微笑着递过来一张纸条：请您替我保密，谢谢！

线索又一次中断！

一筹莫展之际，组织部的一位工作人员想起了一件往事：2008 年

5·12汶川大地震时，有位吴姓老人曾以"中共党员"的化名，为抗震救灾缴纳过3600元的特殊党费。

大家一下子兴奋起来。三张不同的汇款单，一个相同的署名：中共党员。是巧合还是本来就是一个人呢？顺着这来之不易的线索，组织部找到了吴老所在的能源动力厂离退休党支部。的确，该支部党员吴老在汶川大地震时向中组部缴纳过3600元的特殊党费。但对这两笔2万元的特殊党费，工作人员表示他也不知情。

随后，工作人员找到了吴老的女儿，通过交流了解到，吴老关心时事爱看报，尤其关注国防建设。这几年，他还专门收集航母的相关新闻，每有新进展都要高兴地跟家人叨叨几天。不过，吴老从来没有跟家人提过捐款的事，吴老的女儿对此也丝毫不知情。

后来，大家多方努力、查询，最终还是确认了署名"中共党员"的神秘捐款人就是吴老。

据了解，吴老的家乡在江苏省宜兴市的一个小村庄。在他4~5岁的时候，日本侵略者侵占了他的家乡。有一天，鬼子进了村，极其凶残地杀害了邻家的三位乡亲，吴老的母亲也险些被砸死。吴老和父亲藏匿在家中的阁楼上，才幸免于难。童年的经历给吴老刻上了难以抹去的烙印。他深深地感受到国弱受欺、落后挨打的痛苦和悲哀。他特别关注国家的国防建设，当从新闻中看到某些国家侵犯我海域，抢占我岛屿时，异常气愤。他想，航母是海上长城、移动的堡垒，中国只有有了自己的航母，才能保卫领土的完整。听到国家要建设航母的信息，他高兴得像个孩子一样。"喊一万句口号不如一个行动！"他能想到和做到的，就是通过特殊党费的形式，为航母建设，为中国实现强军梦、强国梦尽自己之力！

得知吴老为建航母捐款的感人事迹，多家媒体希望采访吴老，当地政府和山钢集团也想推选吴老参加省级的先进评选，都被老人婉言拒绝。是呀，对党，对祖国，他怀着一颗赤子之心，何求回报！就像这么多年以来，吴老一次次的为灾区捐款、捐物；资助了一个个寒门学子，给认识或不认识的人这样那样的帮助，从来就没想过什么回报。正如吴老在笔记本上写下的那行字：共产党员，这是我的第一身份；为党、为国家做点事是我最高兴的事！

这，就是一个老共产党员的赤子情怀！

王艳丽（能源动力厂）

炉火折射党性光辉

赵蕾：今天，我们要讲述一名老党员的故事。他就是 50 岁的炼钢厂炼钢一车间 1 号转炉丙班炉长、转炉炼钢高级技师——王洪央。

魏巍：我的师傅，就是王洪央。从 1987 年莱钢技校毕业被分配到炼钢厂炉前工作，这一晃，30 年过去了。50 岁、30 年，和师傅一起分来的同学调走的调走，转岗的转岗，只有师傅，始终信念未变、初心未改的扎根在炉前，忘我工作着！

赵蕾：一定要这么辛苦吗？这么多年就没有过机会调整工作吗？您也许和我一样，心里存在着诸多疑问。

魏巍：其实我的师傅，原本可以不用这么辛苦，因为他的父亲就是当时炼钢厂的厂领导，我认为调个相对轻松点的工作，并不是什么难事。可师傅还是选择坚守在炉前，与我们这些年轻人一起摸爬滚打。

赵蕾：时光回到 30 年前，19 岁的王洪央怀揣着一颗炼钢梦，来到了炼钢厂。那时候的炼钢厂只有一座 25 吨的小转炉，高温、粉尘，工作环境恶劣，就连找个媳妇都很难！可这一切，并没有让他止步不前。

魏巍：师傅参加工作了！刚入厂时，师傅干的是加合金的工作，每炉钢加 800 多公斤合金，一个班干 20 炉钢，单单合金就要运 16 吨。那时候没有吊葫芦、没有自动运输轨道，靠的就是一双手。

赵蕾：虽然辛苦，但既然选择了，那就得干好！年轻的王洪央凭着一股干劲，早早的加入了党组织，成了一名光荣的共产党员。

魏巍：师傅入党了！入党后，师傅的记录本上多了一行字：我是党员，看我行动！于是，急难险重任务面前，师傅第一个上，转炉抢修中，师傅连续工作 40 多个小时；研发新品种钢，经常是别人都离开现场了，他还在分析数据，整理资料。这么多年，师傅换了一个又一个记录本，

可每个记录本上都会有那句话：我是党员，看我行动！这分明就是如钢的誓言！

赵蕾：如钢的誓言！这个坚守在炉台上的钢铁汉子先后被评为厂和公司的优秀共产党员、劳动模范等荣誉称号。他从来记不清获得过的荣誉。可他总能清晰地记得哪年哪月车间转炉生产创下新纪录；哪年哪月炼钢厂研发了什么新的品种钢。

魏巍：师傅心中最牵挂的就是生产。记得有一次，师傅发现转炉炉壳温度上升的过快，如果任其发展，不仅会影响生产，严重了还会漏炉。他赶忙联系紧急检修，用半个小时顶着高温向炉子里贴了900公斤的耐火砖。干这样的活，我们年轻人都感觉吃力，何况当时48岁的师傅还有腰椎间盘突出，常年需要扎着护腰上班！

赵蕾：工友们常常劝王洪央，年龄大了，干活别那么拼命，留着个好身体，退了休游山玩水，也有力气。可是王洪央却笑呵呵地说：咱是共产党员，就要有共产党员的样子，就需要多干一点，我能坚持！

魏巍：最近，车间人员比较紧张，在师傅的精心培育下，作为后

备炉长的我,很快就掌握了炉长应有的全部技能。让我万万没想到的是,师傅背着我找到了车间,主动把炉长的位子和待遇让给我。得到这个消息后,我的心情久久不能平静……这就是我的师傅,这就是一名共产党员!

赵蕾:30 年来,王洪央见证了从经验炼钢到智能炼钢,从 25 吨转炉到 120 吨转炉的跨越式发展。一枪到底、黄金三分钟、智能炼钢等工艺技术创新,都留下了他忙碌的身影。仅他参与的转炉单渣 – 留渣冶炼工艺攻关,就年创效益千万元以上。不少民营钢厂向王洪央许以非常优厚的待遇,请他去做技术指导,都被他婉言拒绝。他说:我如今的一切都是炼钢厂赋予的,身为一名共产党员,我不能忘本。

魏巍:王洪央把人生最美好的 30 年奉献给了炼钢,用忠诚、尽责、无私的精神陪伴企业成长,实现着自己的强企梦、中国梦。

赵蕾:正是有像王洪央一样的共产党员的真情奉献,才实现了企业快速转型升级,才有了企业发展的一路辉煌,中国梦,党在我心中。

魏 巍 赵 蕾(炼钢厂)

我是党员　我带头

　　说到带头，不知道大家脑海里首先浮现出的是什么？是冲锋陷阵的黄继光？是舍生取义的董存瑞？还是大干苦干的王进喜？我7岁的小侄子曾经问我什么叫带头，我一时语塞，不知道怎么回答他，他却忽然自己说："我知道了，带头就是走在第一个。"

　　对孩子来说，带头就是这么形象这么简单，带头就是没有太多犹豫没有过多算计地冲在队伍的第一个。

　　当代中国，从百年前的积贫积弱中一路走来，风尘仆仆，愈发强健稳重。然而时至今日，我们是否忘记了这一路的跌跌撞撞给我们留

下的深刻记忆？被列强蹂躏于铁蹄之下时，如果没有人发出绝望的呐喊，第一个向敌人的刺刀冲去，我们是不是会亡国灭种？被美帝国主义打到鸭绿江边时，如果没有人放下锄头扛起钢枪，我们是不是会面临一个更加复杂多变的地缘政治格局？

遇事总要有人站出来，千百年来，中华民族之所以能够代代传承，绵延不绝，就是因为我们的血液里，流淌着舍己为人、冲锋带头的一股不服输的劲头。

习近平总书记指出："是否具有担当精神，是否能够忠诚履责、尽心尽责、勇于担责，是检验每一个领导干部身上，是否真正体现了共产党人先进性和纯洁性的重要方面。"担当，就是遇事不躲，担当，就是遇事能上，只有我们的党员勇于担当，敢于冲锋，我们的民族才能够继续屹立不倒于世界民族之林，我们的党才能够领导中华民族实现伟大的中国梦。

沧海横流，方显英雄本色。在我们铁路运输最前线，有这样一群共产党员，他们在"急、难、险、重"任务、运输保产、志愿服务、遵章守纪等关键时刻，挺身而出，亮出身份。党员于祥友总是对身边的党员说："是党员就要有党员样，共产党员就要起带头作用。"他用实际行动影响和带动着身边每一名员工，2016年10月2日，国庆黄金周第二天，深夜12点钟钢铁区铁路电缆被烧损，钢铁区半数道岔陷入瘫痪状态，连接热线生产工序的钢铁大动脉面临着严峻的考验。立即启动应急预案，十几组道岔全部实行人工搬道。而这时除了正常节日上班人员外，大多数休假的职工都安排外出游玩，还有的家住莱芜，人员一时很难凑齐。怎么办？决不能让公司的生产在铁水运输环节受阻！关键时刻，共产党员们站出来了。抢险就是战斗，保产就是命令。收到信息，于祥友带头赶到现场，他和陆续赶到的 30 名党员职工一起分工负责人工扳道，一场没有硝烟的战斗在分秒必争的铁水运输线上拉开帷幕。在党员们的带动下许多群众职工主动赶赴现场，还有下夜班的职工不顾劳累也加入应急抢险队伍，经过 20 多个小时的奋战，一段的职工们凭着毅力和双手，没让铁水运输在自己手里耽误 1 分钟，受到公司的高度赞扬。

党员王庆财同志是个热心肠，喜欢帮助别人。职工、邻居家里及段上的电器有故障，只要他能修的，从不推辞，随叫随到，30 年里，他义务修理电器上千件，成了邻居、同事们心中的"活雷锋"。党员李荣社在工作中，认真执行标准化作业，杜绝违章调车，带头保安全，带头遵章守纪，实现调车工作 28 年无违章、无违纪、无事故。

就是这样一群人，他们面对困境不退缩、不畏难，群策群力共渡难关，用实际行动兑现了"勇做运输保产先锋、应急响应先锋、精益铁运先锋、遵章守纪先锋"的庄严承诺，他们有一个响亮的口号："我

是党员我带头"。

企业强则国家强，企业兴则国家兴。要实现"中国梦"，应首先实现我们的"钢铁强企梦"。在企业做强做优的道路上，每一名职工都必须勇于担当，全力以赴，与我们的企业同呼吸、共命运，同心协力、勇挑重担、奋勇争先、共创辉煌，用强企梦奋力推动中国梦，实现中华民族的伟大复兴！

李 艳（运输部）

党的光辉照我心

记得孩提时，平日里一向慈祥温和的爷爷总会在茶余饭后变得异常严肃、极其认真，然后郑重其事地跟我讲起"攻克泰安城"的故事，当时年仅 15 岁的爷爷参加了那场战斗。话说，那是 1947 年 4 月的一天，人民解放军向泰安城内的蒋军发起总攻。一时间，炮弹呼啸，硝烟弥漫，到处都是弹皮撕裂空气的尖叫声，到处都是震耳欲聋的爆炸声。奋不顾身冲锋在前的是爷爷所在的突击排，凶恶的敌人垂死挣扎，顽固抵抗。枪林弹雨中，战士们倒下一个、再上一个，倒下一个、再上一个，用自己的血肉之躯继续冲锋。

就在快到达城门口的时候，一颗手榴弹突然落在爷爷的身边。在这千钧一发之际，共产党员赵班长一个箭步冲到爷爷面前，用尽全力将他推到一旁，然后毫不犹豫地用脚一踩，将手榴弹踩进松土中，就势跪压在上面……随着一声轰响，他牺牲了。每当爷爷说到这时眼里总是含满了泪水。2003 年，爷爷在临终前，几回回梦见救他的赵班长，几回回梦见那惨烈的战斗，他嘱托家人："不要忘记历史，要铭记党的恩情，要做对社会有用的人。"听了爷爷的话，在我的心里，党就是带领穷苦人当家做主的恩人。

2008 年，我参加工作，正式向党组织递交了入党申请书。我的入党介绍人是有着 12 年军旅生涯、多年被评为莱钢"优秀共产党员"的刁爱国，他是焦化厂运焦车间的一名作业长，也是我的师傅。在我们班组里实行的是军事化管理，雷厉风行、任劳任怨是师傅的一贯工作作风。记得申请入党的那段时间，由于入党心切，半年里我连写了三份入党申请书。没成想，迎接我的却是师傅的约谈。他说："想入党是好事，但必须经受组织的考验，而且要经受得住组织的考验，不仅要思想上入党，更要行动上入党。"师傅的话如醍醐灌顶，我开始扑下身子、踏实工作。在师傅的教诲和帮助下，我加入了车间党支部的攻关小组，先后攻克"管带扭转""油压比例失调""粉尘回收率低"等技术难题，在各个方面也以党员的标准严格要求自己。2014 年 11 月 18 日，我正式成为一名光荣的中共党员。从入党的那一刻起，我明白了，党是身先士卒、勇于担当的先锋。

师傅就像管带线上的一面旗，每当遇到急难险重的任务，他总是冲锋在前。一次凌晨 2 点钟，3 号管带液压马达突发故障，急需修理。

为了争取抢修时间，已经连续发烧三天、高烧 39℃ 的师傅依然第一时间赶到现场，带领大家投入到紧张忙碌的抢修攻坚战中。寒冬腊月，雪虐风餐，整整 3 个小时的奋战里，虽然大家拿工具的双手冻得麻木，脸上身上布满了油渍灰尘，但大家争分夺秒、干劲十足，丝毫没有影响抢修的进度，圆满完成了抢修任务。正如师傅常挂在嘴边的那句话："关键时刻，党员要站得出来、冲得上去！"无论我干什么事情，心里想的都是师傅的这句话，这也激励我干什么都要有个党员该有的样子。因为我明白，党员是甘于奉献、不计得失的表率。

2015 年年底，我被小组内的党员同志一致推选为新一任的党小组长。当上党小组长的第一天，当时的支部书记语重心长地跟我说："你能当选是大家对你的信任，你要竭尽全力用心干、干好它。"自那时起，我带领我们党小组全体党员亮身份、勇担当，让身边的同事看到党的模样，小组连续多年被厂党委授予 AAA 级党小组。

　　现在回头想想，一路走来，党的阳光雨露哺育着我，党的灿烂光辉照耀着我，党的先模人物激励着我。作为企业的一名普通党员，我从中汲取了强大的精神力量。我更希望今后能够熔铸党性之魂，增强干事本领，与我的同事一起，助推山钢这艘大船在波诡云谲的市场浪潮中逆势突围、破浪前行，抵达胜利的彼岸。

陈立朋（焦化厂）

追寻光辉足迹 牢记党的恩情

中国共产党，一个伴随着我长大的名字。回想小的时候，对于党不是很了解，只记得那时在学校常常会听到"没有共产党就没有新中国"这熟悉的歌词。随着我逐渐地成长，在课本上、在电视里、在课堂上老师的讲述中，我了解到党对于我们的民族、我们的国家有着非凡的意义。在那战火纷飞的年代，革命先烈为了新中国的胜利不惜牺牲自己的生命。在新中国改革发展的历程中，党带领我们实现了一个又一个的跨越，给了我们舒适、富足的生活。

参加工作后，怀着对党无比崇敬的心情，我向我所在的车间党支部递交了入党申请书。2014年10月29日，一个令我终生难忘的日子，这一天，我庄严面对党旗，大声宣誓："我志愿加入中国共产党！"至此，我成为一名光荣的中国共产党员。

入党后，我更加努力的工作，积极为周围的工友做好表率，但我仍然感觉到自己和老一辈的轧钢人存在着一些差距。怀着这样的疑问，我找到了我的入党介绍人，把自己的想法告诉了他，希望能从他那里得到答案。这一次，他没有像往常一样跟我谈心交流，而是拿出了一本珍藏的《带钢二十年》交到我手里，对我说答案就在这本书里。

回到班组，怀着崇敬的心情，我翻开了这本书，时间瞬间回到了二十多年前……

在刚刚投产两年多的老轧钢厂带钢生产线，发生了这样一个故事。在带钢生产线的三角区，一个瘦小的身影正在目不转睛地盯着转动的 F6 轧机。他叫丁宝文，时任带钢车间副主任。面对 F6 与三角区之间一次次的堆钢，丁宝文愁坏了脑袋。这时，从粗轧区走来一个衣着朴实的中年女同志。她手提着饭盒，在厂房内东张西望。按着周围职工的指点，他来到了蹲在三角区旁边的丁宝文跟前，话语中带着一丝抱怨："孩他爸，吃点东西吧。""去…去…，没看见正忙着了嘛！"丁宝文似乎忘记了此时身处何地，头也不抬地挥着手。听到这句话，中年妇女的声音哽咽了："你都三天没回家了，我给你包了点水饺……"丁宝文抬起头来，看着几天没见的妻子，一股歉疚之情涌上心头，他默默地接过饭盒，大口大口地吃了起来……

整整三天，丁宝文守在轧机旁，饿了在现场吃，困了就在休息室连椅上躺一会，为的就是能让故障尽快消除，让轧机运行顺畅。是什么样的力量支撑着他？我想，是共产党员这个称号，让他面对困难不畏困苦、勇往直前，用钢铁般的意志，克服了一道又一道生产难关，用一点一滴的付出铸就了企业的辉煌。

"你用一年时间完成了我十年的积累"，这是在十年前全国技能大赛上，时任板带厂热轧车间主任，莱钢优秀党员孙正旭获得季军后，一同参加比赛的选手对他的评价。十年后，在当前企业大力推进市场化改革的形势下，热轧车间确定为公司内部市场化的试点单位。作为车间主任的孙正旭，在充分研究学习其他企业的成功案例后，顶着职工的压力、外界的压力、内心的压力，率先制定并推行了符合本车间的市场化推进管理办法，将车间13个工种分别实行指标量化考核，把每天的工作量与职工的月度收入挂钩。这一方法的实施，实现了职工按劳分配，让职工的思想从"发工资"到"挣工资"转变，生产指标也在不断地刷新产线投产以来的最高纪录。孙正旭也成了新时期党员带头投身于企业改革转型当中的模范代表。

　　"干在实处，走在前列"，这是习近平总书记说的一句话。通过身边的优秀党员我们可以看到，他们不仅将工作干到实处，时刻走在时代的前列，更是肩负起时代赋予他们的使命。在我们身边，像丁宝文、孙正旭这样的优秀党员还有很多，正是他们成就了党的光荣传统，正是他们不断践行着入党誓词，正是他们不断鼓舞着、激励着我们坚定信念，克服困难，勇敢前行。

王海州（板带厂）

用行动诠释对党的信仰

说起党员精神，让我想起"先天下之忧而忧，后天下之乐而乐"这句古语。谈起党员形象，瞬间让我想起了我们许多党员的人和事。在这里，我不是诗人，但我想用最美丽的语言赞美他们；我不是记者，但我想用最写实的文字记录他们；我不是画家，但我想用最绚丽的色彩描绘他们。今天我就给大家说一说宽厚板事业部运行车间党员突击队的故事。

2016年2月29日晚23点，电气运行班郑炳刚在精轧主电机点检时，突然从观察孔发现有间歇性火花产生。火花虽小，但放在9000kW的主电机上却影响巨大。精轧主电机是产线板材轧制的动力源，一旦出现故障将直接造成全线停产。郑炳刚不敢有丝毫懈怠，马上将情况公布在微信群中，并向车间主任丁海汇报。接到电话后，丁海马上组织党员突击队的成员到现场处理问题。可就在联系人员的时候，丁海犯了难：党员突击队共十四名同志，最近因有事请假的就有五名同志，时间紧、任务重、人员紧缺，这可怎么办？

23点05分，当丁海赶到现场时，被眼前的场面惊呆了，党员突击队员们早已悉数到场，正在勘查设备故障。丁海的心中热流涌动，但来不及多说，他也立刻投入到了紧张的工作中。通过现场查看、设备分析，初步认为是由于电机内部附件松动或绝缘不良导致。情况紧急，丁海立即协调调度停机全面检查修复！

此时已是深夜 24 点，当丁海集合人员，分配任务的时候，再一次的感动涌上心头。"拆除电气护罩、协调行车我们来"，因父亲生病请假的梁志刚主动喊道。"后勤服务、需要递工具等工作尽管给我们讲"，本与她们岗位无关的丁娟说。他还在人群中看到，未休完年假的周翔，在家照顾待产妻子的王猛，家里还有个两岁孩子高烧不退的张冬……他们就是党员突击队因事请假的同事们，还有跨专业、跨区域的普通职工，这些人都不在他通知的范围内。面对大家，丁海深深地鞠了一躬，激动的泪水在眼中徘徊。但初步预计需要三天的检修时间，现在还不是抒情的时候，争分夺秒的抢修才是关键。调整好情绪，丁海马上安排任务开始抢修工作。

3 月 1 日上午 8 点，奋战一整夜没合眼的党员突击队员们，没有一人撤离现场，仍在抢修。白班的职工到了现场后，本想替换他们，可他们却说："我们干了一晚上，对设备怎么干，心里都有数了，现在换人耽误时间。"就这样，紧张的抢修现场"只见新人冲向前，不见党员向后撤。"

在这里，他们没有你我之分，只有一个共同的身份：共产党员。

在这里，他们没有专业之别，只为一个共同的目标：抢修成功。

在这里，他们步调一致，只有一个共同的信仰：为党的一切，无怨无悔。

3月2日凌晨2点，主电机上端转子故障处理完毕，达到试车条件。可就在这时，正在值班的杨召急忙跑到现场找到王猛说："快回家看看吧，家里好像有急事，你爸给你打手机打不通，都着急地打到班上了！"王猛愣了一下，眉头紧缩。当他回头看着忙碌的同事们，看到高高悬挂的"党员突击队"的旗帜时，他咬紧牙关，握紧手中的工具说："这马上试车了，不差这一会，试完车再说。"转身向现场走去。凌晨5点，火红的钢板顺利从精轧机出口推出，电机运行一切正常，在场的所有党员一起欢呼、兴奋。让人兴奋的是，比预计提前一天完成此项艰巨的检修项目。我们为胜利欢呼，这是我们不分昼夜、不辞疲惫、放下私事，奋战了两天三夜换来的胜利。

正在大家还都沉醉在喜悦中时，王猛却急忙离开了现场。之后他请了一周的年假，当王猛再上班时，同事看到他好奇地问道："是不是老婆生孩子了，男孩女孩啊？"这时，王猛却只是微微一笑啥也没说向外走去。谁也不知道就在这短短的一个星期里，王猛的家，天都塌了。就在试车的那天，怀孕8个月的妻子在下楼梯时一个不小心，带着沉重的身体滚下了楼梯，她忍着剧烈的疼痛拿出手机想给王猛打电话，最终却没有拨打，而是直接打了120。随后通知了公公婆婆，因失血过多，羊水缺少，孩子还是没能保住。当稚嫩的已没有呼吸的小生命抱到王猛的父母眼前时，王猛的母亲压抑不住自己的情绪，放声大哭。他的父亲一边搀扶着自己妻子，一边泪水由不得己的往下流。而王猛最终都没能看到自己孩子最后一面。

这就是党员，在企业和职工最需要的时候，他们可以放下自己的一切冲在前，他们用自己的行动诠释着对党的信仰。他们没有轰轰烈烈的壮举，没有响亮的豪言，但在平凡的岗位中为我们的时代，为我们的企业做出突出的贡献，让我们为之震惊，为之叹服，为之激动，为之点赞！

让我们撸起袖子加油干，共筑你我中国梦。

刘彦静（宽厚板事业部）

型 钢 梦

一年多来，我时常听闻 500 里外的日照精品钢铁基地喜报连连，在感到欢欣鼓舞的同时，更勾起了我参与咱们莱钢异型线建设的岁月记忆。彼时，无数的辛酸和汗水，铸成了喜报的几行文字；鏖战的日日夜夜，换来了一个个节点的完成；多少抛家舍业的付出，得到了梦想的最终实现。在那段日子里，我不仅亲眼目睹了参战党员的创新、忠诚与奉献，更是见证了全国首条专业异型钢生产线的华丽诞生。

今天我讲的故事，就从异型钢工程说起！

异型钢项目是山钢为适应国家供给侧结构性改革所实施的战略性改造项目，是实现型钢转型升级、保持行业领先的重大举措。型钢厂

肩负着工程设计、项目建设、冷调热试的重要使命。为了早日实现工程建成投产，我身边的党员积极发挥党员的先锋模范作用，主动请战，投身建设，肩负起光荣的使命，承担起历史的责任。

吕智勇、魏光兵、乔廷刚、蒲红兵、崔凯等，这些在型钢耳熟能详的名字，成为异型钢建设中最闪耀的光芒。

时任项目部副总经理的吕智勇，是全项目部脑洞最大、精力最旺盛的人。每天睡眠不足 5 小时的他，却总能精神百倍的带领我们全面、细化、创新的看问题、搞建设，冲破一个又一个工艺设计、工程招标、数据测算的现实阻碍，让这条线逐渐露出了锋芒。

被戏称为"最抠门工头"的魏光兵、乔廷刚，为了让遭到 29 家竞标单位齐声反对的招标方案最终通过，他们没白没黑的翻资料、做工作、搞谈判，搬出各项法律法规和工程造价合约，迫使他们最终同意了我方的招标方案，一举节约了 300 万元。

130 天，这项由专门的设计公司也得 3~5 年才能完成的工程设计，在型钢人的手里，仅用了 130 天。钳式翻钢机、预弯式冷床、双十辊矫直机，更是填补了行业的空白！

异型线设计战役，全面告捷！

时不我待，全力冲刺。土建施工、厂房建设、工艺设计，"三路纵队"齐头并进，巨幅图纸展开，节点进度上墙，现场机器轰鸣，昼夜灯火通明，异型线建设战役全面打响！

党员蒲红兵，一年内完成 103 个规格的孔型设计，相当于 5 个人近 3 年的工作量；党员崔凯，带着 8 个门外汉完成了全线油气润滑设备的招标、安装和调试；党员李亮，及时发现 BD2 推床的重大设计失误，连夜赶往制造厂家协助设计，避免了工期的延误；党员杨栋，明确指出德国公司工艺设计的 12 点不足，大胆实施工艺革新，为钢板桩在齐鲁大地的诞生奠定了理论基础。

地球不爆炸，我们不放假，宇宙不重启，我们不休息。每隔 12 小时的工程阶段性验收，时常 48 小时的连续工作任务，这个不足百人的团队用两班倒填补了 200 人的缺员。700 多个日日夜夜，仿佛所有的工作都按下了快进按钮，有惊无险而又有条不紊的进行着。

终于，2016 年 4 月 20 日，第一支钢坯宛如一条被降服的火龙，从异型线加热炉奔腾而出，在舞龙人的牵引下穿过轧机，奔向冷床，略过矫直，异型线实现一次试轧成功，全面通车！

这第二仗，赢的漂亮！

36 天以后，异型线完成日达产，J 型门架槽钢、电力角钢、山东省第一支钢板桩、我国第一支双头球扁钢相继开发成功，型钢厂异型线正式向世界宣布：高、精、尖型钢市场，我们来了！

我们为型钢代言，这，就是我们的故事。

　　我见证了奇迹的发生，我目睹了党员的风采。此时，党在我心中的形象也一改儿时的模糊，变得高大、清晰；党员二字也成为了一种精神、一种动力、一种激情、一种担当，成为了我毕生的追求。让我们迎接挑战，把握机遇，向着我们的钢铁梦勇敢前行，向着我们的企业梦砥砺奋进，向着我们的中国梦扬帆起航。

朱宏政（型钢厂）

让党徽在行车上闪闪发光

今天，能以一名共产党员的身份站在这里，我感到非常荣幸。作为我们厂行车车间唯一的一名女班长，我在"兵头将尾"这个角色上扎实履行了我的入党誓言，在"为热线生产提供一流服务"这条主跑道上，受到党组织的充分肯定！

担任班长十年来，我饱尝了班组管理中的酸甜苦辣，有挫折也有收获，凭着坚韧、执着的精神，努力做到"思想上做先锋，行为上做表率"，在破解一个个难题的过程中与班组共同成长。

每到上白班时，除了要满足正常的生产用车，还要整理现场，装

配倒运，叫车的哨子声此起彼伏，让我天天处于神经紧张状态，惟恐耽误了用车。一天，我刚拿起馒头，一轧车间加热炉打来电话："孙梅静在上料行车好像中暑了！"我扔下馒头飞奔到行车上，小心翼翼地把小孙扶下了行车。在地面人员的帮助下，小孙服上藿香正气水去值班室休息。我通知大家，下班前由我看管上料行车，大家看好其他车就行了。两个小时后，职工孟宪迎上来接替我，见我挥汗如雨，带着颤音感动地说："李师傅，您赶紧下去，我来干一会儿。您再中暑了可怎么办呀？"

"没事，我体格壮，没那么容易中暑。放心吧！"

"李师傅……"孟宪迎似乎有些哽咽。"我们不休年休假了，至少在暑期和上白班期间都不休了！"

孟宪迎激动，我更被感动。感谢大家对我的理解和支持，在我还没有想好理由说服大家的时候，大家就自动自发地放弃了休假，克服困难，共度暑期！

随着精益管理活动的深入开展，对设备维护提出了更高的要求。打铁须得自身硬，喊破嗓子不如做出样子。设备保养的要求是我定的，要求别人做到的，我必须首先做到！在高空、高温、多粉尘的作业环境里，一些脏、险、累工作，再一次向我挑战。在一次设备点检中，我发现 14 号行车大车减速机声音异常，想拆开箱体看看高速轴是否出现了打齿的情况。当卸掉螺栓提箱体时，我使出了浑身的力气，一次、两次……怎么也提不动，汗水浸透了衣背。正当我一筹莫展时，小伙子房立臣上来了，见状赶忙喊："李师傅，别逞能了，以后干点力所能及的活就行。"说着把我推开，一个动作便把箱体移到了一边。看着小房干活的利落劲，一种自卑感涌上心头。有些体力活我可以安排小伙子干，可是我光说不练，又如何能带好这个头呢？这只是一个箱体，还有多少活我干不了呢？好强的我没有忘记这事，业余时间我就有意识地加强体能训练，骑行、单杠、握力器……样样练习。

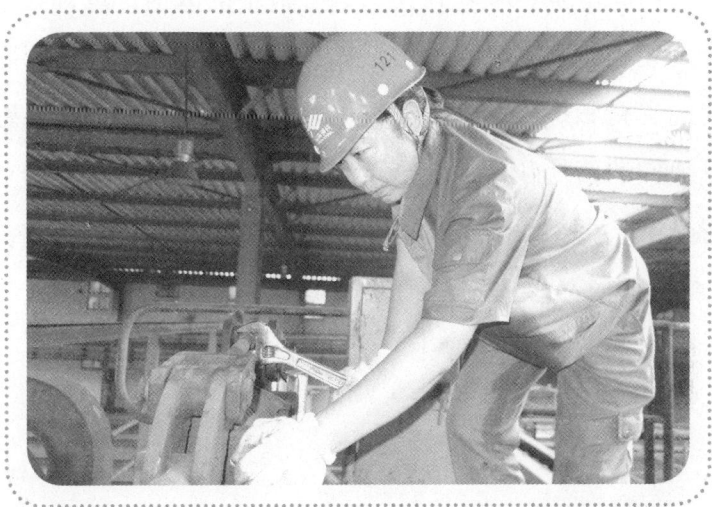

行车更换钢丝绳是我们经常要干的工作，换绳时需要地面、小车、驾驶室三方配合，在不足两平米且布满设备的小车上是最危险的地方。在那凹凸不平、到处都是油污的狭小空间里，我全然顾不得女子应有的那份矜持，经常是满脸的油污和汗水。

有人说我泼辣，并送我"女汉子"的称号。泼辣也好，女汉子也罢，我想，爱美之心人皆有之，如果大家真的看我像泼辣女汉子，那么我为有这种形象而自豪。因为，这是影响和带动群众的主人翁形象，这是不用化妆品扮靓出的先锋形象，这是一名共产党员应有的模范带头形象！也正是这种形象，感召着班组职工，精益求精，率先走向"特种设备，特别管理"的专业化轨道，并持续保持着热停工时为零的好成绩。

　　"台上一分钟，台下十年功。"家庭般的温暖，严而有情的管理，周到的服务，在班组管理上产生了超乎制度约束的影响力。更让我感到欣慰的是，班组成员平时一声声的"李师傅"，由衷地演变成"李姐"。我觉得，这一声声李姐藏着我在大家心目中的威信，包含着大家对我的尊重，更充满着大家对我的信任！在此，我要感谢我的家庭，感谢家人对我的支持和理解，感恩父母培养我坚韧的性格；我要感谢我的团队，是他们的信任和帮助，给予我克服困难、勇往直前的动力；我更要感恩组织，是组织给予我一个发展的平台，使我从一名普通女工成长为一名合格的共产党员。今后，我将以此为起点，再接再厉，更好地发挥党员模范带头作用，让党徽在行车上闪闪发光！

李学华（棒材厂）

筑梦如初 心愿随行

长久以来，我的梦想都是看似很近，却又每每难以触及。就像泡沫刚要触碰却又消失不见。过去，我的梦想几乎都在改变，10岁时我的梦想是成为钢琴家，于是买了电子琴开始学习，结果半年后就被遗忘在角落。15岁时我爱上了古筝，梦想有一天能弹出高山流水，可惜之后又被无奈放弃。

20岁时我端起了"铁饭碗"，至此我的梦想更加坚定——成为一名合格的中国共产党员。可能很多人会心生疑惑，一个90后没有受过累，哪来吃苦耐劳的精神，又怎么去追求做一名合格党员呢？是身边基层党员的奉献形象一直被深深刻画在我心里，因感动卓生梦想——我加入了中国共产党，为实现中国梦添油助力。

"未曾几多成就，依然执着如我。"这是我们对烧结二车间老班长刘勇的最深评价。老班长当兵16年，15年任班长，是一个顶呱呱的"兵头"。从部队转业到莱钢，这老班长又当了10余年。

刘勇刚当班长的时候经常奔波在现场，一有闲暇就围着设备琢磨，有时守着一条皮带机一蹲就是一个钟头。也正是这一次次的蹲点查看、一次次的比比划划，老班长经过数次实践，创新提出的气体刮料器获得成功，结束了炼铁厂30年来使用胶带刮料器的历史。

班内一名协议工因故去世，该职工贫寒的家境让刘勇触动很大，他在班内成立了"好兄弟帮扶队",帮助其家人渡过难关。很多受惠的职工又纷纷加入到他的帮扶队里,帮助更多的人。当问及他10多年当"班头"的体会时,他只说了8个字"以技服人,懂得感恩"。

每每评先进、推典型,老班长却常说:"我做的就是咱职工自己应该做的,党员不带头可不行,先进还是留给他人吧。"十几年老班长不求荣誉,扎实做着自己的本职工作,坚守着一名老党员的强企梦。

厂劳模魏峰,一名20多年的老看火工,是烧结区的大拿,大家都爱喊他老魏。从烧结机到环冷机、再到皮带机,他每年都有新改造新建议。

老魏有想法,老魏好变通,老魏能创新,多年来老魏积极开展技术创新,解决质量管理关键技术难题。配合车间组织实施设备技术改造项目30余项,其中《小矿槽改造》《环冷机密封改造》《烧结机风箱改造》等多项改造项目实施应用,累计创效200余万元。

　　我身边 85 后的年轻党员小王，平日里处事和善，可工作起来却是出名的固执。为了降低烧结固体燃耗，他固执地盯着燃料来料测粒度，对着四辊破碎抓破碎质量，跟配料室测焦粉、称料量，跟混合机的师傅测料温、定水分。硬是凭着这份固执，他将烧结固体燃耗降至 50.74kg/t，年创效益 80 多万元。

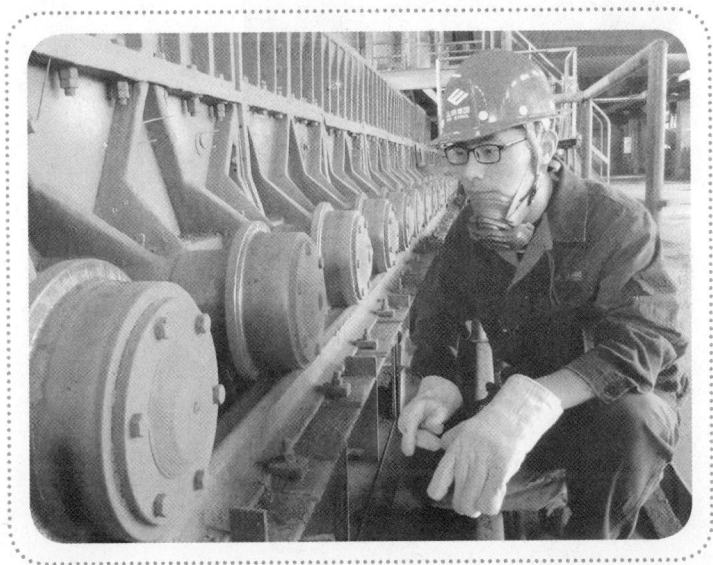

　　为了改善点火质量、提高点火效果，小王固执地把每个火嘴、风管都调整，尝试火嘴间煤气大小配合、空气流量配合，提出了"点火器双排火嘴主副调节使用"的建议，有效提高了烧结机料面点火质量。

　　参加工作以来的 8 个年头，我见证了莱钢的辉煌发展，也经历了莱钢的低潮困难。我看到了身边党员的辛苦付出、不求回报；更看到企业里万千职工的辛苦耕耘、扎实奉献。

　　雷锋曾经说过："如果你是一滴水，你是否滋润了一寸土地；如果你是一线阳光，你是否照亮了一份黑暗；如果你是一颗螺丝钉，你是否永远坚守你的岗位"。我并不是我们单位最优秀的，但我正努力地用自己的实际行动肩负起"党员青年"这个名字背后的责任。

　　我的梦想很小，只是万千中国梦里的一滴水、一粒沙。但是千千万万如我一样，诚心实意为企业干实事的基层党员、团员、万千职工凝聚一起，甘愿作一颗星星、一粒火种，就能汇聚成灿烂星空，燃烧出美丽图景。你的梦、我的梦，14亿中国人的梦，汇聚成生生不息的中国梦，为中华民族繁荣富强的中国梦，我们愿意竭尽全力，我们愿意奋斗终生！

邢　雪（分公司炼铁厂）

中国梦党在我心中

有人说："一个人可以一无所有，但是不能没有梦想。"正是因为有梦想，我们才经历坎坷却依然前行；正是因为有梦想，我们才历经沧桑仍信心不改。

穿越历史的长河，翻阅时代的足迹，100多年前，在那个风雨飘摇的年代，西方列强用坚船利炮撞开了"闭关锁国"的大门，从此，在这个古老的国度里，烧杀抢掠、摧残文明。面对列强的侵略，那时的中华儿女就有一个梦想，一个民族复兴的梦想。1921年，我们伟大的中国共产党诞生了，在中国共产党的领导下，中国人民经过无数艰难曲折的奋斗，建立了新中国，把一个山河破碎、风雨飘摇的旧中国变成了一个享有主权、独立和尊严的新中国。

而今，在实现这个梦想的新的历史征程上，习近平总书记深情阐述了"中国梦"的涵义。不论是昨天，今天，还是明天，都给了我们一个最为深刻的启示：中国共产党，是一个全心全意为人民服务的伟大光荣正确的党；我们只有与党心连心，永远跟党走，我们的事业才会从胜利走向胜利，中国梦才能最终由宏伟蓝图变为光辉现实。

"千里之行始于足下"，要实现我们伟大的"中国梦"，就要有人敢于担当、率先垂范，重要关头挺身而出、勇挑重任；困难面前迎难而上、知难而进！在我的身边，就有这么一群党员，他们在平凡的岗位上，乐此不疲，心无旁骛，用自己的心血，谱写出一曲曲服务莱钢发展的壮丽之歌！他们没有豪言壮语，有的只是埋首铁路运输的默默奉献，他们没有惊天动地的业绩,有的只是投身服务实践的辛勤耕耘。2月21日，一场突如其来的大雪给我们的机车司机们带来了严峻考验。几名家住莱芜的职工由于路面结冰，不能及时赶到工作岗位，可运输工作却一分钟都耽误不得。紧急之下，几名下夜班的老党员主动请缨，自觉留下坚守岗位，他们以实际行动践行了一个党员的庄严承诺。值班员任怡先作为一名老党员，莱钢劳模和运输部建功立业奖章获得者，他时刻以党员的高标准来严格要求自己。开蒸汽机车那会儿，都说"教会了徒弟，饿死了师傅。"有人开车时就故意把衣服袖子接长一块，挡着闸把子防止别人偷看。可任师傅却倾囊相授、毫不保留，带出了山东省首席技师、冶金行业技术能手等二十几个响当当的徒弟。正是有这样一群可爱可敬的党员们作为我们实现"中国梦"的基石，我们的企业才能不断做大做强，从年产几十万吨的小作坊钢厂跨越到年产千万

吨行列，这正是我们前辈所追寻的钢铁梦想，也就是我们所追逐的"中国梦"。

2003 年，我光荣退伍成了一名火车司机，坚定信仰，不辱使命，开始追逐我的"机车梦"。

没有金刚钻别揽瓷器活。作为一名基层一线党员，勇于担当，率先垂范，必须有过硬的本领。我以车为家，爱车如命，用心开车，钻研业务，总结出机车加载一次提速运行，一把闸制动，停车精准对位、连挂车钩无声的操作法，达到众所周知的"橡皮钩"水平。工作中，我坚持"多看一看，多想一想，多动一动，多试一试"的工作方法，总结出"一紧固二拆检三换垫四注胶"的实用性方法，使机车跑冒滴漏问题得到彻底解决。我创出连续 15 年驾驶机车 30 余万公里无事故的业绩；我所包乘的 GKD1A 型 0282 机车连续使用 6 年无大修，超期服役 2 年，是临修率最低的机车；我先后培养出 4 名司机，使我们 15 机组率先成为实现"全员司机制"的机组；2016 年，在参加全国钢铁行业职业技能竞赛中，我取得了内燃机车司机第 8 名的成绩，被授予"全国钢铁行业技术能手"称号；2017 年，我又被公司授予了"十大工匠"称号。

　　工友们，成功源于拼搏，梦想铸就辉煌，为了灿烂的明天，为了美好的未来，让我们把梦与心相牵，把心与党相连，坚定永远跟党走的信心与决心，立足本职、创先争优、同心同德、干事创业，以责任与担当托起我们的强企梦，成就我们的中国梦！

吕新刚（运输部）

身边的榜样 时代的脊梁

两个月前，我有幸去了沂蒙"红嫂"基地，一尊雕塑前，我久久敬慕伫立。那是一位裸露胸部的中年妇女，正紧张地将新鲜的乳汁滴入她怀中昏迷不醒的小战士嘴里，一滴、两滴、三滴……在这位红嫂背后，是那个战火纷飞的年代，无数像她一样的沂蒙红嫂正在送子参军、送夫支前，甚至用自己柔弱的身躯顶起门板，搭成让部队过河的桥……"蒙山高，沂水长，好红嫂，永难忘。"她们是那个时代的榜样，是那个时代的共和国脊梁。

如今的时代，是全国人民奔小康的时代，是实现伟大复兴"中国梦"

的时代。一个个鲜活的榜样，同样激荡着时代的浪花，砥砺着我们奋勇向前！

在我身边，有这样一个人。他是一名共产党员，也是一名光荣的造血干细胞捐献志愿者。2016 年 6 月，他接到莱芜市红十字会工作人员的电话："有一名白血病人与他骨髓配型成功，问他是否愿意捐献。"他毫不犹豫地答应了，并于 2016 年 8 月 29 日成功进行了造血干细胞捐献，为生命危在旦夕的患者送去了重生的希望。

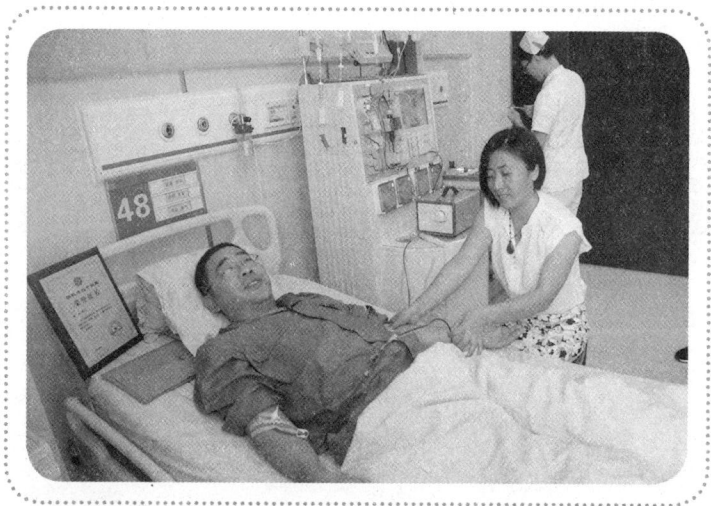

他就是型钢炼铁厂烧结二车间职工孙波。自 1995 年参加工作，22 年来，孙波已累计无偿献血 60000 多毫升，并成功进行了一次造血干细胞捐献。如果按一个健康成人全身血量 4000 毫升计算，他已献出了全身血量的 15 倍；如果按救助一个病人平均需要 800 毫升血液计算，他所献的血已能救治 75 个病人。他多次获得"全国无偿献血奉献奖金奖""莱芜市红十字会优秀志愿者""感动莱钢人物"等荣誉称号，为广大党员树立了学习看齐的标杆。

在我身边，还有这样一位党员。因为有他，高炉年修中，棘手的冷却壁拆除比计划提前 8 小时完成、安装比计划提前 16 小时完成、高炉年修比计划提前 3 天完成。也因为有他，高炉主皮带更换快速安全，两座 1880m³ 高炉检修时间跨度延长至 165 天，为生产长期稳定顺行创造了良好条件。

他就是型钢炼铁厂设备点检维护中心副主任王金刚。他是大家眼中的"设备守护神"，每天都在高速运转的设备间奔忙，未雨绸缪，苦思冥想，不是守在设备旁，就是在去点检设备的路上。他被同事们戏称为"王三疯"，年修现场，他走到哪里，就将问题指到哪里，让施工人员心服口服，连连竖起大拇指。那份认真严苛的背后，是一份共产党员的责任担当。

他只是我们身边这样一群人的缩影。在我们身边，像王金刚这样的人还有很多很多，他们目光如炬，雷厉风行，不管火热的生产现场，还是安静的值班室内，都会认真地告诉你："别用生命丈量安全的距离"；

他们指挥若定，目光坚毅，在沸腾的炉台上，在忙碌的抢修现场，都会用沙哑的声音告诉你："你们先去休息，这里有我"；在技术改造的工地上，在设备调试的轧机旁，在精益管理的攻关中，在市场化运营的道路上，他们随处可见，处处可闻！

一个国家、一个民族、一个企业是由一个个具体的人构成的，是由这些人创造并且决定的。只有拥有这些不计个人得失、甘愿为这片土地付出的人，拥有这些拒绝平庸、无私奉献，在平凡的岗位上努力实现自我价值和生命意义的人，我们才能说，党在我们心中；我们才能说，我们有信心让明天更美好。

宋 雪（型钢炼铁厂）

中国梦·新时代

敲开留学梦想的门

2016 年 9 月 28 日，北京机场，一个帅气小伙，背着双肩包大步流星地走向安检线。他用背影告诉你："我走了，不必追！"

这是三年前目送儿子去德国留学的场景。虽然我有点不舍，但内心却涌动着满满的幸福和自豪。因为这是我们这个祖祖辈辈面朝黄土背朝天的农民家庭奋斗了多少代，才在这个新时代里实现的留学梦。

时光穿越回到 20 世纪 60 年代初。家乡村头，裹着小脚的奶奶送年少的父亲去县城读书。奶奶边走边嘱咐："孩子，咱家祖祖辈辈吃糠咽菜，没有一个识文断字的。你可得要用功念书，给咱老王家顶梁扶柱啊。"父亲提着一瓦罐没有油水的萝卜咸菜默默点头，就这样艰难地读完了高中。不料在考上大学还没来得及高兴时，奶奶却哭着对父亲说："儿呀，你爹没的那年你才5个月大。娘好不容易把你拉扯大，咱念完高中就中啦，娘供不起啦。"看着奶奶那哀求的眼神和无助的样子，父亲委屈了自己，硬生生地把快要淌出来的眼泪给憋了回去，回家做了一名乡村中学的民办教师。

80年代初，中国教育事业开始步入正轨。父亲正想在学校大干一场，不料因病英年早逝，我们家的天塌了。那个时候，农村的女孩子想去读书是很困难的。但坚强的奶奶喊着我的乳名跟我说："你爹在的时候常常埋怨俺，没让他去念大学，奶奶后悔呀，总觉得亏欠了你爹。现在看，没有文化是不行咯。俺跟你娘就是砸锅卖铁也要供你念大学。"说到这里，奶奶已是老泪纵横。我望着佝偻着小小身躯的奶奶和因过于操劳脸上布满沧桑的娘，哽咽着说："奶奶，娘，放心吧！俺一定好好念书，完成爹的心愿，给妹妹们立个榜样。"于是我背起娘摊的煎饼、奶奶炒的咸菜，义无反顾地去县城读书。俺清楚地记得，走的那天，俺眼里的泪水不争气地一个劲地淌，也不敢回头去看村口站立的娘。经过千军万马过独木桥的激烈竞争，我终于收到了那张梦寐以求的大学录取通知书，成为80年代的"天之骄子"。

时间的脚步走到2012年，儿子考上山东大学了。有一天，他跟我说：妈妈，高中时你就送我8个字"世界眼光，中国情怀"。为这8个字，我要去看看世界一流大学和一流学科到底是啥样？现在国家发展越来越快，和世界的交流也越来越多，我想出国去深造。于是，在2016年

他拿到了德国一流大学免学费的录取通知书。当我把这个惊喜告诉不识字的娘时，娘闪着幸福的泪花，半天冒出了一句："要是你爹看见就好啦。"是啊，过去想都不敢想的出国留学梦会在今天走进我们这个寻常百姓家，是儿子用他的勤奋和努力敲开了这扇门，这才有了开头的那一幕。

不追真的行吗？万一不回来了咋办？于是在党的十九大召开后的一天，我们娘俩用微信开始了交流。

儿呀，习近平总书记提出了"两个一百年"的奋斗目标很令人振奋。中国强国2050正等着你们，你可不能只做看客和旁观者呀！

儿子来信讲了这样一个故事：有一次上课，德国教授分析了德国的优势产业后说，如果有一天，中国也能制造高品质的汽车了，那德国会很难过的。坐在下面的德国同学全在笑，意思是中国怎么可能做到呢？不久后在学校的网站上有个德国人发了一个帖子，说："当学校图书馆只剩下中国人的时候，说明你该回家了。"帖子下面有上万条赞。

所以，妈妈你放心，学成后我一定回来。我们90后留学生的民族自强意识已经崛起，民族复兴的血气和刚强已经迸发。将来，世界名牌汽车行列里一定会有这4个字——中国制造！

那一刻我热血沸腾，为儿子拥有这样深的家国情怀而骄傲！

在我们家不断前行的求学路上，父亲提着土瓷瓦罐，我背着一包袱煎饼，儿子拖着拉杆箱；父亲的高中、我的大学、儿子的出国读研，日子由穷到富，学历由低到高。我们读书仅仅是为了高学历吗？不，儿子来信这样说："妈妈，您可要活到120岁，看着我们90后是如何建设国家的。到那时，这个盛世中国一定会如您所愿！"

王红芝（特钢事业部）

我的家庭相册

我家有一本家庭相册，全家人闲暇时总会一起饶有兴致地翻看。那一张张泛黄的照片，记录了幸福欢乐的点点滴滴，记录了我们家庭的变化，也反映了时代的变迁。

这是一张出游照。照片中，父母和我站在北京天安门前，坐了十几个小时的绿皮火车，一家人终于抵达了首都北京。每个人的表情既兴奋，又难掩倦容。绿皮火车曾是中国铁路客运的主力，深绿色的车身、低廉的票价，是一个时代的印记。但由于速度慢、乘坐不舒适等原因，正逐步退出历史舞台。现在的高速铁路，已然成了中国面向世界的新名片。到 2017 年底，我国高铁营业里程达到 2.5 万公里，占世界三分之二，我国已拥有世界上最现代化的铁路网和最发达的高铁网。现在我们全家再出去旅游，从泰安坐动车到北京只需要两个小时。这是中国梦、中国车带来的新变化。

这是一张父女照。一个春天的周末，父亲带着我站在中心公园的大飞机前，我穿着妈妈亲手打的毛衣毛裤，配着红色的小皮鞋，父亲穿着混纺毛涤纶西装，这些现在看来土里土气的衣服，却是那个年代最时髦的。服装是一种记忆，也是一副穿在身上的历史画卷，它以非文本的方式记录着时代的变迁、社会的发展和文明的进步。50 年代的人们崇尚劳动最光荣，朴素是时尚，中山装成为那个年代最庄重也是最为普通的服装；60 年代初，是新中国历史上最艰苦的时期，由于三年自然灾害，棉布定量为每人 21 尺，为了尽可能的节约，购买服装的标准是耐磨和耐脏，灰、黑、蓝色就成了街头的流行色；80 年代，人们对服装有了追求时尚的概念，蕾丝领、碎花裙的出现让渴望美丽的心思初露端倪；90年代后，人们的生活向小康迈进，思想观念更加开放，穿衣打扮更为讲求个性化和多样性。从服装的变化上，我们看出了时代的进步和人们内心观念的转变，每个人都对美有着自己的理解，中国梦，让每个人追求美的梦成为现实。

最后一张是母女照。莱钢百货大楼前，母亲拉着我的手，我手里攥着雪人雪糕，小脸已经吃成了一个大花猫，女儿每每看到照片，总像个馋猫一样问我"这个雪糕是什么味啊？"其实，这个戴帽子的小雪人跟现在花样繁多的冰激凌相比，的确没有什么高大上的味道，但是与当年那些硬邦邦的冰棒相比，简直就是雪糕中的战斗机，承载了多少人童年甜蜜和幸福的味道。那个年代，人们的物质生活不是很丰富，百货大楼也是我儿时记忆中莱钢唯一的一个大商场，货物虽然不多，但光顾的人却不少，特别是逢年过节，都会带着不少现金去购买商品。如今，随着互联网的普及，网络购物蓬勃发展起来，人们通过电脑和手机，在家就可以"逛商场"，而且商品种类繁多，可供选择的空间大，价格上往往比实体店还要便宜。现在在中国绝大部分地区，带着一部手机就可以出门，从早上的一份煎饼果子，到晚上几个朋友小酌一杯，都可以用手机快捷支付。2017年，中国移动支付交易规模已超81万亿元人民币，位居全球之首。我当然也是"网购"一族，大到家用电器，小到一针一线，网上的各种选择让人眼花缭乱，每逢各种电商举办"购物节"，更是收快递收到手软，中国梦，让全球成为我的"大商场"。

合上相册，回忆的是满满幸福的时光，更看到了时代的变迁，生活的变化。不仅仅只有这些，中国车、中国路、中国桥、中国港、中国网……这些我们引以为傲的"中国标签"引起了全世界的点赞，而这些也成为"中国相册"中一张张最美丽的相片。

　　幸福都是奋斗出来的，而奋斗本身就是一种幸福。我们正大踏步走在新时代的奋斗路上，走在实现中国梦的幸福路上！

　　　　　　　　　　　　　周　珺（型钢炼铁厂）

追逐音乐梦　歌颂新时代

我对梦想的理解很直观，就是"做梦都想"。就因为做梦都想，是心中最渴望的事。我从来没有系统的学习过音乐，但我却想做一名音乐的使者，以我微薄之力去歌颂新时代，传递正能量。

从小我就特别喜欢音乐，曾因苦练吉他，手指上磨出了泡，又结出厚厚的茧子。上高中时，我想走音乐专业道路，遭到了父母的强烈反对。上大学之后，我重拾音乐梦，利用打工所挣的钱买了第一把吉他，并和同学组建了乐队，参加了各种比赛，还担任了系文艺部部长……在每一次演出后，心里总会莫名的开心，为自己将激情和活力传递给身边的人而感到高兴。

2007年7月，我毕业后到了莱钢，成为一名发电岗位职工。面对梦想和现实的差距，很多人都认为我的音乐梦就此止步了，我也不断地问自己是否还能将音乐梦继续下去？我有两个选择，一是重新选择一个世界，二是在这个世界创造出一个属于音乐的梦。在浓厚的企业文化氛围、职工多元化发展的人文环境下，我选择了后者。因为，音乐梦是我追逐的梦想，它将赋予我希望和快乐，我将以自己的方式传递到我的工作岗位上，传递给我身边的同事们。

我所在的燃机发电班负责的是国内首台以焦炉煤气为燃料的燃气

轮机发电机组，技术含量较高，而资料较少，所以在设备的安装调试阶段，大家紧盯现场，一刻也不敢放松，经常白天黑夜持续奋战，一干就是十几个小时。在休息的间隙，班长总会说："小涂，来，唱首歌给大伙儿听听！"我会选些耳熟能详的"战斗型"歌曲来调动大家的热情，总是唱着唱着就变成了合唱。歌声使大家充满了活力和干劲，歌声也使我们班成为一个更加团结的团队。

慢慢的，我感到了不满足，我们也可以有自己的歌曲啊！就写我们身边的人，身边的事儿！就写咱工人自己的歌！说写就写，大伙儿凑到一块儿，你说说你的想法，我说说我的意见，就这样，我们的班歌《烽火战士》"出炉"了。"多少汗水谱写忠诚，精益保供我们争当先锋，多少坎坷写意精神，同建共享我们斗志昂扬！"歌里所写的正是我们在做强做大莱钢发电事业中不怕苦不怕累的精神！

在一次参加厂里组织的先进、劳模事迹宣讲时，我被他们的事迹深深震撼了，怀着向先模学习的心情，我创作了《我们能动人》这

首歌："我们怀抱同一个梦想，我们凝聚奋进的力量，为了铁骨铮铮的誓言，我们挺起钢铁的脊梁。"这不正是能动儿女在追逐梦想的真实写照吗？

"别怪我总在厂房里穿梭，冲锋在前是我不变的职责，党旗下一句句庄严的承诺，激励我散发光和热。"这首《我想说》是当我看到身边的党员们舍小家顾大家，为筑发电梦而牺牲个人利益时有感而创作的。

就是这样，我的音乐作品一首又一首相继出炉，而每首作品都在歌颂着新时代，在向我身边的人传递着向上的力量。在莱芜市第二十二届青年文化艺术节开幕式上，我创作了歌曲《我年轻》，并被确定为主题曲。

2011 年，在家人和同事们的鼓励下，我站在了山东电视综艺频道的舞台上，面对华丽的灯光舞台，面对十多台摄像机，面对全省电视机前的观众，我十分紧张，但当我想到背后同事们的鼓励和支持，想

到我的音乐梦时，我坚定了信心！经过一路过关斩将，我们的组合"钢铁兄弟"晋级八强，把莱钢钢铁工人的形象展示给了齐鲁大地的观众。赛后接受采访时，评委老师是这样评价的："他们有着钢铁般坚韧不拔的精神品质，克服了很多困难，成为我们舞台上最耀眼的明星，我为他们感到骄傲和自豪！"

很多人认为不能实现的梦想都是口号，没有任何实际意义。其实，有时候梦想存在的价值并不在于它能不能实现，而在于追逐的过程中收获了什么。我们需要梦想，就像我们需要活下去那样。我的音乐梦，谈不上伟大，更谈不上惊天动地，但我愿用它赋予我的点滴正能量，与我亲爱的同事们一起，在这个充满朝气的新时代里，在追逐强企梦、追逐中国梦的道路上阔步前行！

涂光存（能源动力厂）

管带线上的追梦人

在我的办公桌上放着一本厚厚的工作日志，里面工工整整、清清楚楚地记录着有关管带机"前生今世"发生的点点滴滴。这本日志是十年前我刚参加工作时，我的师傅亲手交给我的。我们之间的故事，便从那一刻开始了。

2008年，我大专毕业后来到焦化厂，成为一名运焦工。我的岗位是在长达8.5公里、被誉为"输焦生命线"的管带机上。绵延横亘的4条管带机犹如"绿色长龙"，一眼望去，尽显壮观。走在上面，你会被通廊两侧的鸟语花香、草木葱茏深深吸引。然而在管带机投运以前却是另外一番景象。听师傅说，那时候焦化厂每天要通过大货车外送焦炭，工作岗位尘土飞扬。2005年，管带机的建成改变了粉尘漫天、满目疮痍的模样，可谓"旧貌换新颜"。那一天，师傅在日志中写道："绿色环保的梦我们已经实现，下一个梦想就是要全力确保管带机的安全畅通，最大限度地满足型钢和炼铁高炉的焦炭需求。"

在我的眼里，我的师傅是一位不折不扣的"追梦人"。这位跟皮带打了32年交道、工作极其认真的老班长，为了实现梦想，他在精准操作、精心点检、精细维护的同时，特别注重做好"传帮带"工作。我上班的第一天，他就将自己的那本工作日志交到我手上，他告诉我："好记性不如烂笔头，平时要多学习、多留心、多积累。"当时我暗想："看皮带还能有什么技术含量，有必要天天写日志吗？"就这样，我浑浑噩噩混了一个星期，而他的那本日志早已被我"囚禁"在更衣柜里。一天，师傅突然对我说："小陈，今天你独自巡检管带线行吗？"我想也没想，脱口而出："行啊，没问题！"于是，我气定神闲、有模有样地踏上巡检之路，花了两个半小时走了一圈后，我主动向师傅"交作业"："师傅，1号管带机头两个托辊有异响，其他正常。"师傅听完后眉头一皱，然后问我："你说的托辊异响是什么原因造成的？1100号的踏板有松动你注意到了吗？SPIDER控制面板的参数变化值是多少？"我待在原地，"一问三不知"，羞愧得想找个地缝钻进去。师傅拍着我的肩膀，语重心长地说道："记住此刻的感受，知耻才能后勇。以后要用心巡检，小托辊里有大学问，小岗位上也能有大作为。"师傅的话宛如醍醐灌顶。自此，我扑下身子、脚踏实地做好每项工作，像师傅那样每天写日志也成了我的习惯。久而久之，每台设备的参数和运行状态我都了如指掌，干起活来心中有数、手上有谱。慢慢地，我理解了师傅的做法，而这个做法也成了我在追梦路上的"指南针"。

2012年,我加入到车间技术攻关团队。在一次开发胀管预防装置工作中,一套新投运的管带机一个月频繁出现数次胀管事故。攻关队长侯继鹏带领团队成员住进了设备机旁的控制室里。当时正是9月份,控制室里好似蒸笼一般,闷热难耐,大家每十分钟记录一次数据,二十四小时不停地监控设备。一个月后,我们终于确定了事故发生的根本原因,针对性地开发出"变频给料"和"计量监测"两套系统,并于2016年3月开发设计了"防胀管防撕裂双功能专用报警装置",从此杜绝了管带胀管和撕裂事故的发生。近几年来,凭借着这股钻劲和韧劲,我们团队在6年内共完成各类专利设计、专有设计10余项,创效1000余万元,所辖管带机输送带的使用寿命较同行业超出了3~5年,相应成果获得了省冶金科技进步三等奖。太钢、兖矿、印度、南美乃至管带机专利拥有者日本普利司通公司等许多客户多次来学习和访问,为我们这个"追梦团队"点赞。

随着数字化、信息化、智能化时代的到来，我们不畏艰难，不惧挑战，正步履铿锵地走在精益保供、创新创效的奋斗路上。新时代，新作为。我们在奋斗的路上一起追逐梦想。

陈立朋（焦化厂）

师傅，我们准备好了

师傅，我们，准备好了！

首先，我想和大家分享一条微信，前不久，这条微信在我们单位的火车头微信群刷屏了，这条微信的内容是这样的："时光荏苒，岁月不居，我 1980 年踏入莱钢这片热土转眼 38 年了，我见证了企业改革发展的历史与辉煌，心中充满了眷恋和热爱。我重新审视自己所走过的路，有经验、有教训、有挫折、也有喜悦，但更多的是骄傲和自豪。在这里我更想表达的是感恩和感谢！不愧奋斗人生，实现心中梦想，衷心祝愿我们的火车头明天更加美好，更加辉煌！"

这是即将退休的火车司机任怡先发出的一条微信。从这条微信，我们感受到了任师傅对企业的深情眷恋，对个人成长的深情感恩和对企业未来的牵肠挂肚。

2018 年 5 月 4 日，工友们为任怡先师傅举行了离岗欢送会。看着朝夕相处的工友，任怡先有一肚子的话语想表达，可他沉了又沉，说："今天我想起了我的师傅，我还是想跟大伙再聊聊我师傅冯德法铁水东调的故事。"

1988 年，当时莱钢总厂提出拿下年产 40 万吨钢的奋斗目标，著名的"铁水东调"工程开始。那时莱钢的火车头还都是蒸汽机车，需要人工一锹一锹的往锅炉里填煤，一炉一送，一天调运 48 炉铁水，这在

当时想都不敢想的事，全部落在了包乘制第一任司机长冯德法肩上⋯⋯

"师傅，您已经两天两夜没下机车了，再这么熬下去，身体会垮的！"

"放心吧，这条铁路线我跑了十几年了，知道哪儿深哪儿浅，调送 48 炉铁水，正是考验咱们的时候。"

说完，冯德法使劲地揉了揉自己的双眼，从座位后的布袋里拿出两个干辣椒，用一只手胡乱搓了搓，就放进嘴里，呛得满眼都是泪⋯⋯

正是凭着这份高度的责任担当和忘我的拼搏奉献，冯德法漂亮地完成了一项项艰巨的任务。他也从运输部劳动模范、莱钢劳动模范成长为山东省劳动模范，直到获得"全国五一劳动奖章""全国优秀业务能手"称号。

10 年前，也是在这个会议室，工友们为冯德法举行了座谈欢送会。冯师傅手捧检车锤，眼含热泪地说："这检车锤跟了我 30 多年，本来想带走，做个纪念，现在我还是想把它留在段上。"这把检修锤，它已不仅仅是件工具，它更是一种责任、一种担当，是自强不息、吃苦耐劳、艰苦奋斗精神的一代代传承，是火车头精神的传家宝！

以任怡先为代表的新一代铁运人，从师傅手里接过了这一棒，义无反顾地投身到机车牵引动力升级换代工作中。1992 年，莱钢引进第一台内燃机车，虽然摆脱了"烟熏火燎"的工作环境，但是这样一台价值上百万的机车，全新的操作方式，全新的保养维护方法，上新车就意味着要抛弃原来蒸汽机车所掌握的技能，一切都要从头再学，这让不少司机犯了怵。任怡先毅然选择了新型机车，当起了"小学生"。短短几个月，他先后啃下了 20 多本专业书籍，翻烂了十几张图纸，车上近万个零部件全部烂熟于心。

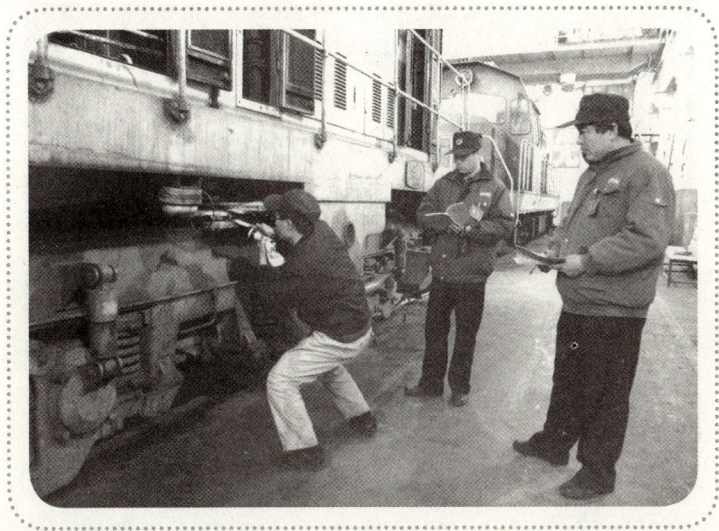

中国有句俗语："教会了徒弟，饿死了师傅。"在蒸汽机车的那个年代，有的司机师傅就故意把衣服袖口接长一块，挡着闸把子。可从冯德法到任怡先，他们代代相传，挽起袖子开火车，带出了我们一大批响当当的徒弟，培养出了全国钢铁行业技术能手、山东省突出贡献技师、公司劳动模范、十大工匠等一大批优秀技能人才！

新时代的号角，如击鼓催征；圆梦的新征程，正高歌猛进。

新时代是一个奋斗的时代。我们要脚踏实地，把奋斗精神融于岗位、融于日常，全力向优异的成绩奔跑！

新时代是一个创新的时代。我们要以执着的钻劲焕发精益求精的工匠精神，以争先的闯劲迸发勇于开拓的创新精神！

新时代更是一个圆梦的时代。我们要以永不懈怠的精神状态，一往无前的奋斗姿态，不忘初心，继续前进，在建设"魅力山钢"的征程中追逐自己的幸福梦，共圆你我的中国梦！

一代人有一代人的使命，一代人有一代人的担当。今天，接力棒已经传递到了我们的手中，我要骄傲的对师傅说："师傅，你们那种与企业心连心、同呼吸、共命运的朴素情怀，已经深深的扎根在了我们内心深处，你们那种吃苦耐劳、艰苦奋斗、甘于奉献的优秀品质正在影响着我们生活和工作的点点滴滴，作为新时代的铁运人，跑好接下来的这场接力赛，我们，已经准备好了！"

孙 丹（运输部）

春联映照下的家庭故事

说起小时候过春节，大家印象最深刻的可能是穿新衣、放鞭炮、吃糖果，而我印象最深刻的却是写春联。那时候还没有印刷品，春联都是手写的。父亲写得一手好字，不仅给我们家写，左邻右舍的春联都是他来写。每到年根前，父亲都会抽出半天的时间专门来写春联。磨墨、裁红纸、把写好的春联晾干，我也跟着跑前忙后，既高兴又自豪。

直到今天，父亲依然保持着手写春联的习惯。而在大红春联的映

照下，我们的家庭故事也在缓缓讲述着……

我刚上学那会儿，乡亲们春联写得最多的就是：岁岁保平安，年年发大财；门迎春夏秋冬福，户纳东西南北财之类的。而我们家，经常被贴在大门上的则是：步步登高走鸿运，岁岁平安发大财。大家可能也都发现了，出镜率最高的除了平安之外，永远都是那几个字：福、财、金、宝。是啊，在那个年月里，大家虽然填饱了肚子，但肚子里还缺油水，手里更缺钱，春联上对财富的期盼也是咱老百姓最朴素、最真实的愿望了。

门前的梧桐树绿了又黄、黄了又绿，时间到了1989年。有了党的好政策，农村也逐渐富裕了，农民的腰包也鼓起来了。村里不仅家家户户有了自行车，就连摩托车也先后添置了几辆。一向思想先进、敢于接受新事物的父亲就是我们村第一个把摩托车骑回来的人。记得为了买摩托车，父母亲还小小的拌了一次嘴。一辈子勤俭温顺、老实胆小的母亲说："我看这事还是再等等，手里刚有几个活钱，别让乡亲们说咱张狂。"父亲眼一瞪："怕啥！咱自己辛辛苦苦挣的钱，想咋花就咋花。现在国家政策好，只要咱肯干，挣辆摩托车还不简单！"就这样，父亲拍板把摩托车骑了回来。我永远都忘不了当时父亲的兴奋和激动，给邻居递烟的手都有些微微发抖。这一年，被父亲端端正正贴在大门上的春联是：凭劳动致富理直气壮，挥汗水生财人乐家欢。

梁上的燕子飞去又飞回，时间到了1995年。这一年我如愿走出农村，在莱钢有了一份稳定的工作。而哥哥也如愿做了一名个体户。本来是有机会招工的，但他死活不干："爸妈你们别管我，让我自己闯一闯。"父亲痛心疾首："你能得上天啦，安安稳稳上个班多好啊！"无奈哥哥油盐不进，铁了心要自己干。最终父母也没拗过他，支援了他一些钱，哥哥兴致勃勃地做了自己的老板。哥哥头脑灵活，又肯吃苦，很快就干得风生水起。父亲也放下了过去的偏见，全心全意地支持起哥哥，时不时就去店里巡视一番，但嘴上却不肯服软："你小子有啥能耐，那是国家好、时代好，你赶上好时候了。"记得那年春节，哥哥风风火火的说："爸！给俺写一幅'生意兴隆通四海，财源茂盛达三江'的对联。"父亲恨铁不成钢地说："俗，实在是太俗，你忘了你爸是干啥的了。"最后，贴在哥哥店门口的春联果然受到大家的称赞：改革潮涌千山绿，开放风催万户春。

大门上春联的墨痕浓了又淡、淡了又浓，时间走到了2017年。这一年我们家有一件大喜事：四十多岁的嫂子生了个白白胖胖的大闺女。全家人高兴得合不拢嘴。月子里，母亲天天围着嫂子和侄女转，恨不得一天做八顿饭。哥哥更是兴奋，对我说："和你嫂子早就盼个闺女了，还好政策及时，要是再晚几年，你嫂子想生也生不了。"是啊，有粮吃、有钱花，物质需求和精神文化需求都在不断满足，这样的日子不就是我们梦想的吗？ 2018 年的春节，父亲的春联写得格外漂亮，上书着：迎新春春和景明跨入新时代，辞旧岁齐心协力开创新征程。

又是一年芳草绿，又是一年春联红。春联映照下的家庭故事还在缓缓讲述着，从渴望富裕、期盼发财到今天歌颂祖国、赞美新时代，春联也见证了一个越来越开放、越来越包容、越来越好的新时代。

王艳丽（能源动力厂）

火中玫瑰绽芳华

赵蕾：每逢有品种钢生产，在炼钢厂老区精炼炉台每个角落都会留下她忙碌的脚印。

魏巍：每遇到重要课题攻关，在诸多钢铁汉子的簇拥中总会有她柔弱的身影。

赵蕾：老区小吨位转炉品种质量的升级，有她付出的智慧和汗水，亚马尔项目用钢带来的荣耀，有她这朵"火中玫瑰"绽放的芳华。

魏巍：她，是一名中国共产党党员；她，是炼钢厂生产技术科一名负责精炼工艺技术管理的技术人员；她，是2017年度莱芜分公司劳动模范、莱芜分公司女杰刘文凭。

赵蕾：2007年，刘文凭从安徽工业大学冶金工程专业毕业来到炼钢厂，一干就是11年。

魏巍：11年间，她天天与钢水、炉火打交道，钢与火的考验，让她娇柔的身躯愈发刚健。

赵蕾：她是精炼炉上的"女汉子"。在生产亚马尔项目用钢时，铸坯开始总是出现裂纹，一天要试验三到四次，中班夜班连着干，不管干到几点，她总是靠在现场。

魏巍：当时，她的儿子只有3岁。孩子体质弱，经常生病住院，双方父母不在本地，夫妻俩只能倒替着照看孩子，但为了亚马尔项目的攻关，近三个月，她没有请过一次假。

赵蕾：同事、领导看着她孩子小，工作、家庭两头跑实在辛苦，有意给她减轻工作量，可她总是口头上答应，还是一如既往地盯在现场。

魏巍：在这近三个月的时间里，她全程跟踪每一炉的冶炼情况，把每一个关键操作点都记录下来，根据渣样分析结果进行数据分析和对比。

赵蕾：在这近三个月的时间里，她主动向操作人员请教，共同探讨，试生产完毕，她都积极总结生产中存在的问题、难点，制定改善措施和生产方案。

魏巍：我负责的工作，我就要把它干好，这是我的职责。刘文凭常常把这句话挂在嘴边，她是这么说的，也是这么做的，她用实际行动做出了最好的注解。

赵蕾：近年来，刘文凭先后参与成功开发了窄带钢，石油平台用钢、门架槽钢、耐候钢等几十个钢种。每一个钢种的成功研发和批量生产，都留下了她忙碌的身影，都留下了她的智慧和汗水。

魏巍：机会总是留给有准备的人，多年来的刻苦钻研，让她的业务技能得以持续提升。

赵蕾：2014年炼钢厂举行大学生论坛赛，刘文凭把对精炼工作的思考和建议，和盘托出，思路清晰，措施缜密，厂领导现场拍板把她调入了技术科。

魏巍：责任重了，压力大了，刘文凭的学习热情更是空前高涨。

赵蕾：为了快速提升业务技能，刘文凭孩子刚刚满月，就报考了冶金工程硕士。那时候，她在床边支起笔记本电脑，给孩子喂完奶，就开始学习。

魏巍：付出总是有收获，经过3年的努力，刘文凭拿到了冶金工程硕士学位。完成的《分钢种精炼窄成分渣系适用性研究与应用》项目获省冶金科技进步二等奖。

赵蕾：她先后在核心期刊发表论文5篇，提交发明专利3项，实用新型 2 项。参与的《转炉炼钢终点精准控制技术与研究》等 5 个创新项目分别获得莱芜分公司技术创新奖。

魏巍：她主导完成的《钢包全程底吹氩工艺试验应用》等项目的实施，提高了钢水质量，稳定生产顺行，年创效益达 300 万元以上。

赵蕾：怀一颗匠心，做一生匠人。冶炼钢铁精品是刘文凭的初心，她始终不忘初心，将每一吨钢水都冶炼成精品。

魏巍：劳动最美丽，奋斗最幸福。刘文凭正是凭着对事业的"痴"、对工作的"狂"，在那火热的精炼炉平台，绽放着属于自己的芳华。

赵蕾：火中玫瑰绽芳华。刘文凭，普普通通的一名炼钢女工，在幸福路上，她奋斗不止。

魏巍：火中玫瑰绽芳华。刘文凭，炼钢厂唯一一名与钢水冶炼打交道的女技术员。在精益路上，她砥砺前行。

赵蕾：让我们为像刘文凭一样的千千万万的劳动者点赞！有他们在，我们做强做优钢铁产业的强企梦一定会实现。

魏巍：让我们为像刘文凭一样的千千万万的劳动者点赞！有他们在，我们中华民族伟大复兴的中国梦一定会实现。

赵 蕾 魏 巍（炼钢厂）

三代炉长的梦

什么是炉长？我的爷爷这样告诉我："炉长就是不分昼夜'长'在高炉上的人！"

爷爷现在70多岁了,他永远铭刻心扉的日子就是1970年4月11日。这一天,部队转业的他推着一辆小推车与许许多多从四面八方赶来的人们,一起浩浩荡荡地碾着山道上的冻土,走向七零一工地。他们——被后人称为莱钢的第一代创业者,他们——翻开了莱钢发展史上光辉的序幕,奏响了壮丽的凯歌。

后来,爷爷成为小高炉上的一名炉长。他说,他们那时候也有梦想,

就是要完成毛主席下达的命令：钢铁生产一定要突破十年徘徊不前的格局。为了这个梦想，20世纪70年代初，莱钢夺铁10万吨的大会战开始了。"炉长就是不分昼夜'长'在高炉上的人！"爷爷如此定义自己的岗位。为了实现梦想，他与工友们以忘我的工作精神投入到这场没有硝烟的战役中。节假日，他不休息，没白没黑泡在高炉上。哪里有困难，他就出现在哪里。一次高炉顽固悬料，他把铺盖搬到了生产现场，连续七天七夜，他白班夜班连轴转，吃的饭由奶奶送来或者工友们捎来。来不及吃的干粮冷了就放在风口处烤热了再吃，半夜里实在太困了就和衣在连椅上躺一会儿，醒后，就立刻到各岗位上，看风口，观察仪表。直到高炉顺行，他才"打道回府"。期间，他连续在高炉上奋战了168个小时。爷爷迄今记得，1972年高炉日产平均60吨，第二年达到80吨，继而达到120吨、200吨……第一代莱钢创业者的梦想所代表的爱国精神和强国梦，是我们绝对不能丢掉的莱钢魂！

1983年，父亲成为一名钢铁工人。当时莱钢人有一个共同的梦想——"全厂齐动员，奋战八三年，甩掉亏损帽，开创新局面。"这是莱钢第一次党代会提出的"战斗"口号。围绕梦想，父亲和工友们恨不得把所有时间都扑在工作上。4月的一天，铸铁机的牵引器突发故障，为了不耽误高炉生产，父亲和工友们抢时间、比贡献，中午不休息，夜间不停工，连续奋战。繁重的体力劳动累得大家躺在地上没法动弹，就这样圆满完成了检修任务。以1983年盈利110万元的好成绩，莱钢结束了建厂以来连年亏损的局面。当消息传来，父亲和工友们兴奋得嗓子都喊哑了。父亲最引以为豪的就是2005年莱钢实现1033万吨钢产量，进入全国十大钢行列。当时父亲已经成为一名炉长，他牢记"炉长就是不分昼夜'长'在高炉上的人"这一谆谆教导，秉承工人阶级的优秀品格，他和工友们一道在奉献中熔炼精彩，在平凡中铸就辉煌，展现出了莱钢工人的优秀品质和时代风采。做强做大莱钢就是他们的梦想。

接下来该说一说我的"他"了。在莱钢这个草长莺飞、绿茵满地美好家园里，在经历过花前月下的浪漫后，我们步入了婚姻殿堂。2016年五一劳动节，他告诉我他要当炉长了。我问他："你知道什么是炉长吗？"面对他的回答，我摇了摇头，庄重地告诉他："炉长就是不分昼夜'长'在高炉上的人！"自从他当上炉长后，一次次地打来电话："炉长夫人，我要加班，没法陪你过结婚纪念日，你生气吗？""炉长夫人，我要加班，没法陪你过生日，你生气吗？""我要加班"成了我们电话联系的热门话题。每一次，我都回答他："我不生气，我高兴！炉长就应该'长'在高炉上，炉长就应该在高炉上成长！"

工友们，企业是实现个人价值最好的平台，也是我们赖以生存和

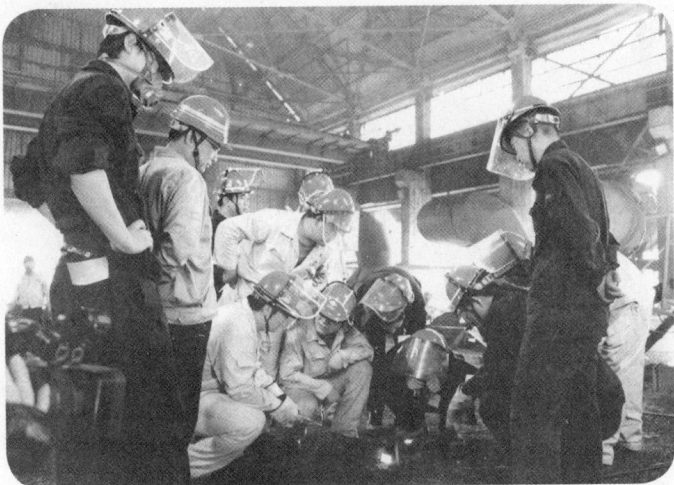

为之奋斗的美好家园。在山钢这个大家园里，每个人都会有更加广阔的发展平台，会有进一步施展才华的空间。让我们继承老一辈的优良传统，传承莱钢精神，用勤劳的双手和务实的作风，用更大的勇气和智慧创造属于我们的更加美好的未来吧！因为，我们有一个共同的梦想：为实现建设魅力山钢宏伟蓝图，为实现中华民族伟大复兴的中国梦而努力奋斗！

韩　静（分公司炼铁厂）

我奋斗我幸福

　　幸福是奋斗出来的，正如习近平总书记在新年贺词中所说："奋斗本身就是一种幸福，只有奋斗过的人生，才称得上幸福的人生。"

　　上中学的时候，我的心里一直有一个大学梦。可是，18 岁那年的夏天，梦想破灭了。高考落榜的我，心有不甘地走进了技校的大门。我在心里告诉自己，虽然这里不是自己心仪的学校，但是既然来了，就不能荒废时光，我必须好好学习。

　　两学年，四个学期，我都拿到了学校的最高奖学金。为了圆自己的大学梦，在上技校的第二年，我报名参加了全国自学考试。

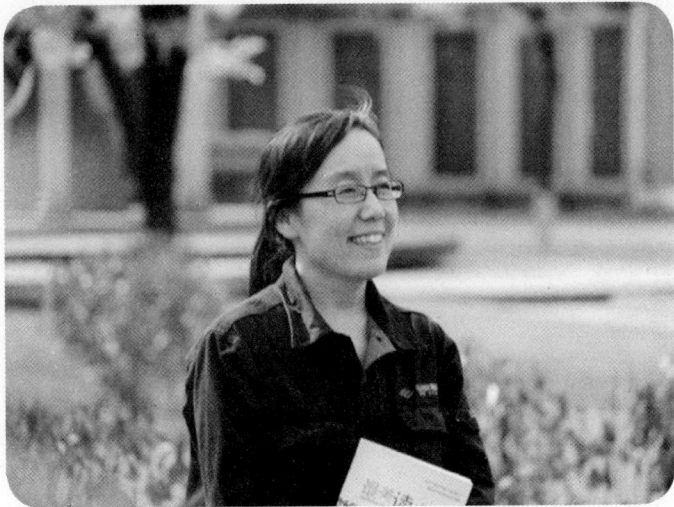

上班后，我边工作边自学，生活平静而忙碌。然而，天有不测风云，上班后的第三年，我突患重病，住进了医院，曾被三次下达病危通知书。也许是上天眷顾，我在病床上躺了近半年的时间，最终，还是挺了过来，与死神擦肩而过。

在与病魔抗争了四年后，医生好心提醒"不宜生育"，虽然明知要承受很多，但是那颗想做母亲的心，面对这些困难都已无所畏惧。在28岁那年的春天，我怀孕了，同时入院保胎。当时，我的自学考试，还剩最后一门《经济法》，考了两次都没能通过。为了考过，躺在病床上的我，把所有的时间都用在了复习备考上。

那年的四月份，《经济法》正好开考。我打算去参加考试，被主治大夫坚决驳回。其实，我心里也是担心害怕的。但是，那个渴望去考试的冲动，实在是难以抑制。最后，经过再三协商，我与医院郑重签下"一切后果自负"的"生死状"，才被准许外出半天。

为了安全，家人特意借了一辆车，全程陪护，送我去莱芜陈毅中学赶考。一路上，我静静地躺在后排座椅上，一直在心里默默念叨，这是孩子陪着我，一起拿命去考试，我们一定会考过的。考试过程非常顺利，傍晚时分，我们平安返回。后来，考试成绩下来了，我考了76分，顺利过关。

那年冬天，儿子出生了，他健健康康，这是我最欣慰的事。自学考试毕业证下发的那天，我拿着那个大大的紫红色证书，给怀中的儿子看，告诉他：儿子，这里面也有你的功劳啊！

看着那张写满各科成绩的成绩单，我的眼泪止不住地流下来，自考的路真的是不好走。经过八年艰苦自学，我拿下了烟台师范学院的大专文凭，终于圆了自己的大学梦。

2012 年，我的身体状况再次亮起红灯，不得不又一次住院治疗。在休养身体的日子里，百无聊赖的我，除了看书，就是在 QQ 空间里记录生活中的琐事。

爱人看我这么喜欢码字，就鼓励我试着投稿。由于随性惯了，开始写的文章不是词不达意，就是离题万里。爱人从不嫌弃，更不会嘲笑，不管我写什么内容，他都会认真地帮我修改。就这样，在爱人持续不断的鼓励下，我的文章开始陆续见报。

随着自己的文字不断变成铅字，也激起了我极大的写作热情。慢慢的，每天写点东西成了一种生活习惯。几年坚持下来，每年都会有近百篇的文章见报。在《莱钢日报》八版时代，曾创造过一期报纸发表 4 篇署名文章的历史；在《山东钢铁报》上也创下 3 篇文章同一期刊发的记录。我所在的棒材厂还特意把我历年来写的文章集结成册，编辑成精美的电子书，在全厂职工中传阅。

公司开展网上读书活动，我第一时间参与其中。连续两年，我凭借十多万字的读书笔记取得第一名的成绩。2018 年"三八"节，作为莱芜分公司读书明星代表，我有幸参加了山钢集团举办的女职工读书成果展示会，并上台分享读书写作的心得。

2016 年底，我对自媒体产生了兴趣。于是，我用自己最引以为骄傲的身份"明朔妈妈"作为名字，申请了个人公众号。2017 年元旦，上传第 1 篇推文。经过一个多月的不懈努力，获得"原创"保护图标，那一刻的激动心情，绝不亚于自己的"处女作"见报。公众号坚持日更新至今，不仅收获了近百万的文字，而且还结交了很多新朋友。

在实现梦想的路上，虽然需要付出很多，但结果是美好的，更是幸福的。愿我们在努力奋斗实现梦想的路上一起同行！

程瑞红（棒材厂）

不忘初心跟党走　砥砺奋进中国梦

　　中国梦，一个让国人魂牵梦绕的名字，它的提出让亿万中华儿女的梦想有了方向的指引。习近平总书记在十九大报告中指出，中国特色社会主义进入了新时代，这个时代是全国各族人民团结奋斗，不断创造美好生活，逐步实现人民共同富裕的时代。

　　2017年6月，省委书记刘家义在山东省第十一次党代会上提出了建设新旧动能转换的重大工程，这让作为山东省大型钢铁企业的我们实现强企梦有了更加明确、清晰的方向。

　　2018年4月29日，是带钢热试三十周年纪念日。虽然已经过去多年，回顾老一辈轧钢人的拼搏奋斗史，他们艰苦奋斗的精神触动着我的心。

带钢建立之初，无论是技术、装备，还是职工技能，都与现在相差甚远。当时带钢车间700多名职工，从工程技术人员到一线职工，没有一个真正学过带钢，干过带钢。面对现代化的生产线，他们的技术力量无疑是单薄的。面对重重困难，带钢人提出了"自己的车间自己建，争分夺秒抢时间，誓为莱钢做贡献"的口号。许多职工放弃了节假日，维修工抢着安装调试设备，操作工紧张地进行模拟操作训练，奋发图强的带钢人仅用一个多月就处理设备遗留问题数百件，完成革新改造项目140多项。1988年4月29日，带钢实现了热负荷一次试车成功。

斗转星移三十载，带钢从无到有，由弱变强，一路高歌，披荆斩棘，实现了莱钢有钢无材的转变。这种转变就是老一辈轧钢精神的延续和发扬。

精神激发动力，发展赢得先机。板带厂1500宽带生产线抓住新旧动能转换的良机，投资1.974亿元，展开了为期104天的新旧动能转换设备升级改造。随着升级改造的结束，如何发挥新装备最大优势，是摆在全体板带人面前的课题。"真正的攻坚战才刚刚开始"，热轧车间轧钢作业区作业长刘旭东说道。

这天，刘旭东接到轧制规格下探的任务，要向着1.8毫米厚度发起冲锋。宽带线以往最低轧制厚度为2.3毫米，1.8毫米无疑是一个巨大的挑战。"我得做好几种应急预案，必须保证试轧成功"，刘旭东心里暗暗下着决心，开始着手准备。第二天，刘旭东信心满满地走向操作台，一切准备就绪，对讲机里喊着："钢温具备轧制条件，现在出钢"。初期轧制规格较厚，难度较小，当下探至2.2毫米规格的时候，钢坯刚刚进入F7轧机，他发现活套参数异常波动，立刻做出反应，对操作工说："快降低轧制速度！"由于干预及时，钢坯起套的风险解除，避免了一次堆钢的发生。但由于参数异常波动规格下探暂时停止，此时的刘旭东冷静分析参数的变化，仔细思索问题的根源。经过细致的分析计算，他确定问题是新增F7轧机的自动控制参数不匹配导致。时不我待，刘旭东立即找到负责系统调试的北科大专家沟通，但北科大专家认为参数设定在多个企业检验过，不可能有问题。刘旭东没有放弃，继续带着问题与车间主任交流，问题点同样指向活套参数的设定。这一次，车间主任联系了生产技术室、北科大专家紧急召开现场会，将刘旭东的计算分析参数与北科大专家设定参数进行对比，经过一番计算分析后确定了问题原因。最后，北科大专家也被刘旭东对待问题不放松、不查明原因不罢休的韧劲所感动。

凭着这股韧劲，他们战胜重重困难，顺利完成了1.8毫米低合金高强度结构钢的开发，据统计，目前省内仅莱钢一家能够轧制该规格品种钢，在波谲云诡的市场中，"兵不血刃"地占领了市场空间，大放异彩。

　　步入新时代的板带人靠着永恒不变的信念和忠贞不渝的追求，昂首挺立，实现了一个又一个新的突破，新旧动能转换的种子在这里落地生根发芽，为梦想的实现插上了腾飞的翅膀。"行百里者半九十"，实现梦想仍需我们共同奋斗。我们要继续发扬"团结奋进、争创一流"的精神，砥砺前行，创新超越，让"中国梦、强企梦"飞得更远，更高。

王海州（板带厂）

我眼中的劳模

　　每年五一，"劳模"一词都会被社会反复提及。其榜样的先锋意义也随着时代变迁而不断丰富，激励着一代代劳动者，尤其是青年人奋进前行。在我身边有这样一个人，他勤恳朴实，平易近人；他热爱本职工作，干一行爱一行精一行。他就是宽厚板事业部轧钢车间主任——侯刚。

　　作为轧钢车间的主管部门领导，侯刚经常讲工作无小事，每一项工作他都紧靠现场抓管理，紧逼问题抓整改。人们常说"万事怕认真，关键在态度"，只有用心做，才能将工作做好，做扎实。侯刚就是这样的人。

对于"疑难杂症",侯刚总是找对策,想办法。其中让我印象最为深刻的当属自动换辊系统的调试工作,整个换辊过程要求 17 分钟完成。刚开始的时候,别说是 17 分钟,就算是一次完整的抽装辊作业都无法实现。侯刚提出在换辊顺控中增加一个顺控,将换辊准备作业在操作台上完成,然后再到现场操作箱上完成其余的顺控程序。就这样,他与西门子技术人员在现场配合,一个步骤一个步骤地试,一个开关一个开关地调。从实现自动步骤到逐步提速,最后终于实现了全自动换辊 17 分钟完成的目标。

侯刚把工作当事业,一门心思搞生产。每天,上班最早的是他,下班最晚的也是他。为了制定出切实可行的工作方案,他经常加班加点,一直到凌晨。

多少次,看见他拖着疲惫的身躯,伏在电脑前;看见他和轧钢工一起在现场交流探讨;看见他一身油污解决设备问题;看见他带着鲜红的安全帽,穿梭在夜色中的轧线上……轰鸣的轧机在夜色里显得格外吵闹,而夜色中的他却显得那么形单影只。

每年临近春节,到处洋溢着欢快的气氛。这举家团圆的时刻,谁不想与家人一起欢度春节,一起吃顿年夜饭?但家乡在江西的侯刚总是第一个带头值班,将团圆的机会让给更需要的人。

每逢元宵佳节,人们便会放飞孔明灯。这个夜晚,莱钢上空就会时常出现一闪一闪的孔明灯,像星星一样,煞是好看。但对于"加热炉"以及"煤气系统"来说,孔明灯却是具有灾难性的——如果落在设备上,便会对设备安全运行造成极大危险。侯刚却无暇顾及这样的美景,每到这样的夜晚,他一定会戴上安全帽,拿上手电筒和大家一起去现场,对场地设备进行地毯式排查,而且每次都要检查上好几遍,不厌其烦，直到场地里、夜空中都看不见孔明灯的踪影才肯罢休。因为他知道只有这样才能保证职工的安全和生产的稳定顺行。就这样，年复一年，大家都在欢声笑语的节日气氛中度过，而他却默默地守护着厚板、守护着职工，无怨无悔。

对待职工，侯刚心细如发，体贴入微。当他听说，操作台暖气不热，冬天太冷时，就亲自协调联系维修人员在暖气管线上增加了回水泵，改善了工作环境。当他听说谁家人生病了总是第一时间去探望，关切地询问病情严不严重，需要什么帮助，工作的事有大家，好好照顾家人……

其实，劳模精神并不是高不可攀的，它就是大家在工作中普遍具有的优秀品质的缩影。当然我们大家并不一定都能成为劳模，但我们却能践行劳模精神：一种对工作、对企业的道德感、责任感和使命感，以及强烈的主人翁意识。

学习新时代的劳模精神，是我们新一代年轻人的理想和信念。我们要牢固树立正确的世界观、人生观和价值观，把自己的人生理想和追求与企业紧密联系在一起，在奉献中去实现我们青年人的人生价值。

洪 刚（宽厚板事业部）

幸福在路上

"唱支山歌给党听，我把党来比母亲，母亲只生了我的身，党的光辉照我心……"每每电视上播放这首歌，父亲总会跟着唱个不停。有一次他高兴地对母亲说："老李，你的工资这个月又涨了，70 岁以上的老人，每月增加补助 290 元呢……"看着父亲和母亲愉快地聊着天，一股股暖流涌进我的心田，温暖并感动着。

我的母亲是一位勤劳朴实的农村妇女，父亲是莱钢职工。父亲上班，母亲则天天在田间劳作。记得小时候，父亲比较大男子主义，母亲每次去赶集，拿了多少钱，花了多少钱，最后余下多少钱，都要向父亲"报账"。因为中国古老的养儿防老思想，母亲更是因为只生了我一个女孩，担心自己将来老无所依。2015 年国家出台个人养老保险补缴新政策，农村养老保险一次性补缴 15 年，可办理退休手续，享受退休以后按月领取养老金的待遇。父亲得知这个消息，就张罗着给 71 岁的母亲补缴养老保险 87900 元。从那以后，每月的 20 号，母亲就会对父亲说："老魏，别忘了，今天我发工资！"语气里充满了愉悦与欣喜。

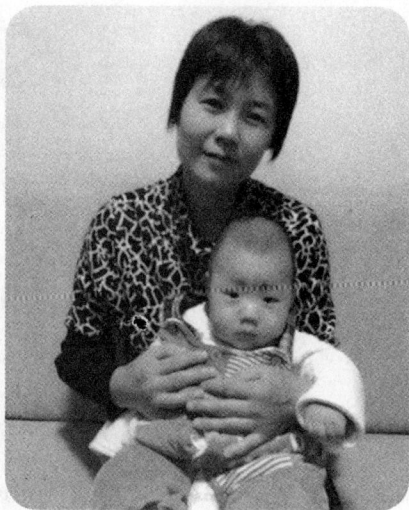

2015 年冬天，父亲突感胸闷，送到医院，被确诊为冠心病，需要立即做心脏支架手术。当时的我，瞬间崩溃了，父亲会有危险吗？能撑得过去吗？所有的担心都烟消云散，父亲健康出院了。这次心脏手术共花了 6 万多元，因为有国家的大病医疗报销政策，我们仅支付了 1 万多元。父亲感慨地说："多亏了党的好政策。"

2015 年 10 月 29 日，中国共产党第十八届中央委员会第五次全体会议决定全面实施一对夫妇可生育两个孩子政策。同时，政策规定二胎产假由原来的 98 天增加至 158 天。去年夏天，我的二宝来到了这个世界，哺乳期 5 个月后我开始上班，车间了解到我家里老人身体不好，孩子没人照看，准许我续假至孩子一岁再上班。这满满的关爱，让我深深体会到了企业大家庭的温暖。

　　老公的老家在德州，因为工作忙，加上路途远，回家看望父母的机会很少。往往是周末休班，天不亮就出发，倒了几次车，太阳落山了才到家。到了家，和父母吃顿晚饭，说不上几句话，第二天又要急匆匆地往回赶。2008 年《职工带薪年休假条例》正式实施，规定凡连续工作 1 年以上的，均可享受带薪年休假。年休假，富足的生活，让我们穿越了时间和空间的限制，拉近了我们与家人的距离，享受着新时代给我们带来的变化，感受着幸福生活给我们带来的温暖。

魏桂娟（型钢炼铁厂）

青春逐梦正当时

青春逐梦正当时，今天我讲述的是刚刚荣获"全国工人先锋号"的型钢厂中型轧钢车间的故事。

20 岁，青春年少，风华正茂，是学习的年龄，奋斗的年龄，更是放飞理想、逐梦远行的年龄。型钢厂中型轧钢车间就是这个年龄。

她自 1998 年成立以来已经走过了近 20 个年头，2018 年 9 月 18 日将迎来她 20 岁的生日。20 年来，这条作为国内最早一批建成的 H 型钢生产线，坚持以"为小康社会铸造钢铁脊梁"为己任，以"建设世界一流型钢企业"为目标，大力弘扬"说实话，办实事，求实效，说

到做到"的优良作风，在历代型钢人的接续奋斗下，生产运行稳定高效，产线效能充分释放，创造出了年产 100 万吨、超设计产能 2.14 倍的行业奇迹，生产出了国内型钢行业唯一被评为"中国名牌"的型钢产品，为中国经济社会发展和小康社会的建成发挥了积极作用。

进入新时代，受世界金融危机以及国内冶金行业供需矛盾加大等因素影响。这条为莱钢、山钢创造过赫赫战绩的功勋线也一度跌入发展低谷。同党的十九大得出的"我国社会主要矛盾已经转化为人民日益增长的美好生活需要和不平衡不充分的发展之间的矛盾"判断一样，随着时代的变化，这条产线发展的主要矛盾也转化为"市场对高品质高标准产品的需要和产线装备能力落伍、资源转化能力之间的矛盾"。

矛盾就是发展的动力，问题就是突破的基点。面对中国梦·新时代的伟大召唤，面对保持国际领先的光荣使命驱动，有着"创新、忠诚、奉献"品格的型钢人，不畏艰险，直面挑战，以"存量变革、增量崛起"新旧动能转化思想为指导，从产线的效率提升入手，打破自我设限，实现自我突破，从以产量为中心向以效率为中心转变，瞄准效率和效益，释放产线产能，提升产线指标，激活产线活力。

一场基于精益管理的效率提升"战斗"在车间全面打响。向"老经验、老做法"砍刀，向新思维、新创造求解，按照"全要素分析、全效率提升"的思路，系统梳理、查找制约产能提升的瓶颈，逐个工序计算，逐个细节梳理，在科学分析、诊断的基础上，全方位、系统查找重要指标滞后原因，改进不合理的系统运行方式、职工操作习惯，制定科学的管理、技术改造措施，制定效率提升的最佳实施方案。2016 年，中型轧钢车间小时产量是 130 吨，从 2017 年下半年至今，相同的产品规格，小时产量一度达到 143 吨。这意味着一天下来就可多生产 300 吨。

一场基于精益管理的指标提升"战斗"在全车间打响。向"粗放、被动"砍刀，向精细、主动要效，细化控制单元，为全线124品种规格建"工作简历"，标识出每一个轧制批次、每一次轧制产量、每一种工艺问题、每一个解决方案，使之成为解决生产问题的金钥匙、脑黄金。2018年以来，车间技术人员创造性地利用国标闲置轧辊、导卫改制成欧标规格使用，成功解决了亚马尔项目所用产品难咬入问题，使成材率由不足70%提高到90%以上。

在提效率提指标的过程中，一场基于精益管理的结构增效"战斗"同样打响。致力于保持型钢国际领先，车间认真践行"常规产品差异化，高效异型产品集中化"的战略，持续向高端、高效迈进，型钢产品继成功打入北极圈YAMAL项目、哈萨克斯坦PK炼油厂项目后，又凭借着全规格"打包式"交货能力、为客户提供一揽子解决方案等优势，成功打进了有中俄"元首项目"之称的AGPP项目，再次成为国际高端型钢市场一颗耀眼的明珠。

正因为这一系列基于全员艰苦奋斗取得的光环，车间2018年被全国总工会评为"全国工人先锋号"。

习近平总书记曾指出，中国梦是历史的、现实的，也是未来的。青春是用来奋斗的。山钢型钢，20岁正年轻，逐梦正当时。型钢发展无穷期，接续奋斗无穷期。以党的十九大精神和习近平新时代中国特色社会主义思想为指导，怀揣"中华民族伟大复兴"的中国梦，肩负"保持国际领先"的型钢梦，型钢人正砥砺奋进、扬帆远航。

谭明林（型钢厂）

中国梦·新时代祖国颂暨建功魅力山钢

两地情　一线牵

小时候，父亲在莱钢工作，母亲拉扯着我和哥哥生活在临沂老家。就这样，故乡和莱钢之间的亲情联系就有了故事。

20 世纪 70~80 年代，父亲都是农忙时才回家，将故乡和莱钢联系在一起的是一封封书信。邮递员总是将信送到村里的学校，邻居家的哥哥姐姐们放学就会给捎回来。母亲不识字，让他们读了信，再写回信。等我能识字写信了，这个光荣的任务就落在了我头上。每一次收到父亲的来信，我们都会高兴得和过节一样，母亲总会将那天的晚饭做的格外好，早早收拾完碗筷，端端正正地坐在椅子上，听我一板一眼地念："身体很好、不要牵挂,你在家里别太累了,孩子们要好好学习……"母亲认认真真的听着,唯恐漏掉一个字。那些在灯下给母亲读信、给父亲回信的时刻也是我儿时最温馨的回忆。

有一次父亲回来忙秋累倒了,临回莱钢都没彻底恢复。母亲不放心,收拾完家里的活就领着我和哥哥大包小提地去莱钢看父亲。等我们风尘仆仆地赶到父亲住处的时候,同屋的叔叔却说怕母亲担心,父亲赶着加了几天的班,回老家了。那一刻我们仨大眼瞪小眼,欲哭无泪。第二天又急急火火地挤上公共汽车,颠簸了四五个小时才赶回家,父亲看着我们,眼里是擦也擦不干的泪,直说:"唉,一天两地的,提前知会一声不容易啊。"是啊,那时提前知会一声的方式除了写信,就是靠两条腿了。

1992 年,我们家安装了电话。几千块钱的初装费可不是个小数字,父母还是咬咬牙装上了。记得父亲第一次打电话回来,听着叮铃铃的响声,母亲有些手忙脚乱,我故作老练地拿起话筒递给母亲:"妈,你说话呀。"母亲满脸通红:"说啥呀?""俺爸问你啥你就说啥呗。"母亲却一个劲地说:"俺不会说,俺可不会说。"惹得我和哥哥哈哈大笑。虽然家里装了电话,还是不能每天都能听到父亲的声音,因为心疼电话费。而且父亲得找公用电话打给家里,也不方便。后来父亲将打电话的时间固定在每周六的晚上,我们都是早早的等候着,生怕来了电话听不见。父亲也总是那些固定的套路:吃了吗,没事吧,别累着,好好学习。有时候说不上几句母亲就说:"行了行了快挂了吧,说句话都是钱,少啦几句没用的。"可我就爱和父亲多聊几句,总觉得听着父亲的声音,就像他站在我的身边一样,随时都会用他粗糙的大手抚摸我的小脸,揉乱我的头发。

1999 年,父亲退休回了老家,我也早在莱钢上班了。那时候手机还算是小小的奢侈品吧,一辈子节俭的父母却异口同声地支持我买了一部。他们再也不用守株待兔般等我的电话了,想我了随时就电我一下。"闺女啊,听天气预报说明天要变冷,多穿点。""闺女啊,你啥时候回来,让你哥去镇上接你。""闺女,咱院子里的枣都熟透了,你再不回来今年可就吃不上鲜枣了。"父母的电话,说的都是家长里短、鸡毛蒜皮的小事,可我总是听得心里暖暖的。我要想他们了,一个电话拨过去,随时都可以撒撒娇的。通信技术的发达让我和父母做到了联系无障碍、亲情零距离。

社会发展日新月异,网络走进了千家万户,父亲老说,生活在这么好的年代,老年人也不能落后啊!这不,他也时髦了一把:会用微信了。

有了微信,联系就更方便了。父亲除了给我晒美食,还非常热衷晒我们家乡的变化:水泥路硬化到了家家户户的大门口啦,村里的文化广场天天热热闹闹的，葡萄、桃子和苹果从果园里运出来销往各地，鼓起了乡亲们的腰包……通过微信，我感受到了父亲的喜悦，而我对父母的牵挂，则多了一个表达渠道：通过手机下单，购买的衣物经由一个个包裹快递到他们手中。父母亲老说，哎呀可不要再买了，衣服太多了穿不了，可微信里他们试穿新衣服的视频，脸上的微笑总是难以掩饰的。

今天分隔两地的亲人即使身在天涯，也恍若比邻，再也不会有"千里探亲扑个空"的无奈了。正是强大的中国通信制造技术赋予了我们更加方便快捷的美好生活，从2G到5G网络，中国通信正在领跑世界。

谢谢了，我的国！

王艳丽（能源动力厂）

长大后我愿成为你

　　1998 年，叔叔和上万军人参加了抗洪抢险。在我 5 岁的那个夏天，一向宠我的奶奶总是抢我爱看的电视，抢我爱接的电话，让我很是委屈。长大后我才知道，那年长江、松花江、嫩江八次洪峰接踵而至！武汉、大庆、哈尔滨接连告急！农田被淹，家园被毁，叔叔和上万军人上了前线，用血肉之躯堵住了洪水。奶奶牵挂着叔叔，叔叔舍身救灾民。

　　小学时，老师布置了一篇作文《我心中的英雄》，我立马就想到了叔叔，还专门采访了他："三叔，1998 年的大洪水您害怕了吗？"叔叔说：

"开始也怕，但是军人的责任和义务就是保卫我们的祖国和我们的家。"那一刻，书本上的英雄不再模糊，变成了叔叔的样子。心中的祖国不再只是一幅地图，变成了叔叔愿为之牺牲的家！我稚嫩地对叔叔说："长大后我愿成为您这样的人"。

2013 年，"中国梦"成为我们在校大学生热议的词汇。我也想像叔叔那样做一点力所能及的事，于是加入了宁夏志愿者支教团队。上课前我精心编写教案，反复试讲。走上讲台时，孩子们好奇地问了我一连串问题，"老师，大学好不好？银川到底是啥样？"面对一双双期待的眼睛，我合上了准备好的教案，讲起了大学的模样。我逐渐明白，梦想比知识更重要，我要做的是让他们打开眼界、心中有梦，让他们的大学梦与中国梦一样生动。

班里还有一个 12 岁的小女孩，她每天放学后还要跑 5 里山路去采野枸杞，换钱贴补家用。临行前的那晚，我们去为孩子们上最后一节课时，突然下起了大雨。我们冒雨冲到学校后，发现教室外面挤满了一把把雨伞，一群打着手电筒的孩子欢呼雀跃："老师！我们以为今晚你们不会来了。"下课后，那个懂事的小女孩送给我一个心形的折纸，并让我回去再打开。回到宿舍，我怀着好奇打开折纸，上面写着一行字："再穷我也要读书，希望老师还来！"

如果说有一种崇拜曾使我满腔热血，那就是叔叔给我讲的家国情怀。如果说有一群人曾把我视作英雄，那就是期盼我的西部孩子。虽然我不能像叔叔那样奔赴前线，但我点燃了孩子们心中的梦想。我在以青春的名义与祖国同行，我在一点点向叔叔靠近。

2017 年大学毕业后，我来到了山钢集团这片生长钢铁的热土，正好赶上山东省新旧动能转换——特钢新中型升级改造项目启动，我有幸成为加热炉专家李新林的徒弟，跟着他一起投入到火热的项目建设中。

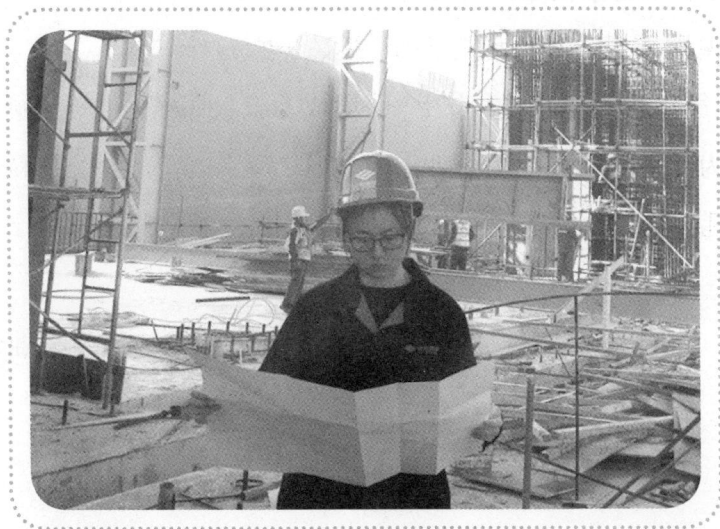

2018 年的寒冬让施工现场变得异常艰苦，师父在现场不慎滑倒导致右臂骨折。医生要求他一定要手术静养，不然容易留下后遗症。可第二天我正在现场忙碌时，忽然听到一个熟悉的声音，"捣打料得打实啊，不然可影响炉子寿命！"我惊讶地回头喊了一声"师父！"他冲我嘿嘿一笑。师父是加热炉区域的技术负责人，每一道工序都需要他把关认证，一天不上班都会影响整个新旧动能转换项目的进度，也必将影响到强企梦的进程。就这样，师父一刻也未曾休息，天天在现场工作，把多年的经验和最新的工艺毫无保留地传授给我。在师父的教导下，我很快就能独当一面。为了盯紧施工质量，爬上 6 米高的炉顶钻进漆黑的炉内，加班加点成了我的工作常态。那天统计完 1242 条设备信息后已是夜里十一点，我走出办公室看着月光下近 700 米的产线，疲惫竟被一种无以言表的自豪感取代。那一刻，我懂得了师父为什么那样的奉献和坚守。2019 年 4 月，我和师父被莱芜分公司评为"明星师徒"，上台领奖时，我想到了任正非的那句话，"中国 13 亿人口，每个人做好一件事，加起来就是伟大祖国。"

都说国很大，其实就是一个"家"。在这个"家"走向富强的路上，我们每个人都在为她而奋斗。我愿成为叔叔那样甘愿为国牺牲的你，我愿成为师父那样甘愿为企业奉献的你，我愿成为建设祖国新征程上那些平凡却又伟大的你——"一心装满国，一手撑起家！"

许京铭（特钢事业部）

三身工装

2006 年 11 月 3 日，刚刚毕业的我背着行李，准备登上开往工作岗位的大巴车。车都快开了，母亲却还是抓着我的手不放："一个钢铁厂，又在个山沟子里，有啥干头！我就你一个儿子，在城里给你找个轻快活，娶个媳妇给我生个孙子多好……"在详细打探了我的工作单位后，母亲提出了反对意见。"我去看看，明年过了实习期我就回来。"我软磨硬泡之下上了车，踏进了焦化厂的大门。

我被分配的工作岗位是焦油蒸馏。一到岗，我就感受到了焦化厂这个集体的温暖，感受到了师傅们对我的关心、爱护与期待。第一次探亲时，我特意穿着蓝色夏季工装回家，想让母亲看看儿子的新面貌。刚进胡同口，焦急等待的母亲赶紧把我拉进了门，口中埋怨道："你在莱钢干了半年多，连衣服也买不起了？别人家的孩子回来都打扮得很时髦，你却穿成这样！"我拉着父母坐下，与他们谈起了当下的工作，谈起老一辈莱钢人在荒无人烟的山沟里盖起一座座工厂的故事……父亲和母亲聚精会神地看着平日里沉默寡言的儿子高谈阔论、意气风发，若有所思地点了点头……

之后，母亲很长一段时间没有再说让我回去的话。那时的莱钢发展很快，我每天两点一线地工作，逐渐褪去了刚来时的激情。那时的我有过迷茫、彷徨，甚至有些后悔没有听从母亲的安排。

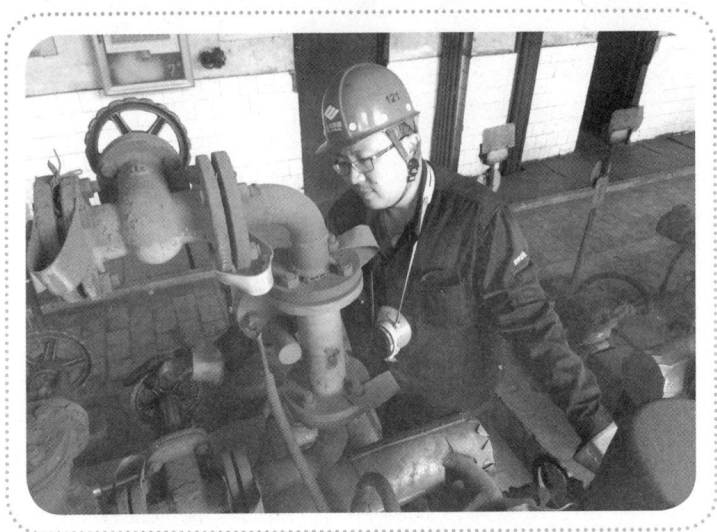

2008 年的金融危机席卷全球，莱钢举步维艰、职工收入骤降。危机打乱了平淡的生活，却唤起了沉寂的激情。我一下找到了归属感——企业是我赖以生存的地方，我要和企业共渡难关！ 2009 年车间组织技术攻关，对生产工艺进行全面升级。产品没有销路，我们更改配比满足客户需要；能源动力消耗高，我们划片管理、各负其责；设备没有备件，我们串联系统解决了后顾之忧；面对客户囤货控制价格，我们几天不眠不休研发出了新产品；我们奋战在岗位上，有好几年都无法回家陪老人过年……那些日子，我和同事们为了企业拼搏努力，就像一起冲锋陷阵的战士，更像相互扶持的兄弟。

有一天傍晚，正当我们进行产品配比研发时，父亲打来了电话："你姥姥病重，快点回来吧！"来不及换下工装，我驱车 150 公里赶到了医院。人群中疲惫的母亲看到我满身的油污，眼神复杂……夜深人静的时候，母亲把我叫到一旁，沉默良久后开了口："之前听你说过很多，我知道你喜欢你的工作。可是我听说钱挣得不多啊。再看看你这工作服，平

时没少受累吧？妈妈心疼啊！"我默默换下了衣服，轻声但是坚定地安慰母亲："妈妈，您放心照顾好姥姥。只有我们大家努力，厂子效益才能好起来！"母亲认真地看着我，重重点了点头。

作为改革先锋，山钢一直走在前列。技术先进了、环境改善了，职工的干劲更足了。这几年企业的影响力和知名度也在逐渐上升，2018年4月，山钢产品亮相央视《新闻联播》。作为山钢的一分子，我和企业共同成长，我也成为了骨干、带起了徒弟。再次回家探亲时，我特意穿上了崭新的山钢夏季工装。母亲拉着我骄傲地对邻居说："咱从电视上看到的山钢多么好，我儿子就在那里上班！"母亲转头摸着我的工装不住地点头："现在看这身衣裳真是又板正又得劲又精神！"

探亲结束的前晚，母亲从衣橱里翻出了一个包袱，里面竟然是我头两次回家穿的工装，连同这次穿的那套，都洗得干干净净，叠得整整齐齐。父亲看着疑惑的我，哈哈大笑："你这工装你妈一直保管着呢。别看你妈爱唠叨，看着这些年你的成长，看着你们的企业越来越好，你妈心里高兴！"

　　望着这三套工装，我仿佛看到了自己和企业一起成长的历程。母亲问我明年能否回家过年，我说："妈妈，明年接您二老去钢城过年！企业越来越好、生活越来越好，我们一起迎接璀璨辉煌、美好幸福的新一年！"

闫东鹏（焦化厂）

飞驰在车轮上的梦

"喂！闺女啊，上次你教妈用微信收钱，我又忘了怎么用，赶紧的，你再教教我，顾客等着付钱呢！"电话那头，传来了母亲焦急的声音。

母亲是个大嗓门，从小没上过学，更讲不出什么大道理，但她却是个相当能干且乐观的女人。在我小学五年级那年，倒卖生意在农村日渐兴起，母亲怀揣300块钱从批发市场进了一些内衣、袜子之类的小商品，拿到集市上去卖。第一天上午，只赚了16块钱，但这第一桶金点燃了她摆脱贫困的梦想。货物被装在两个大尼龙袋里，侧搭在自行车座两边，每天一早母亲骑着车，驮着货赶往集市，风里来雨里去，她坚信自行车轮能载着她的梦想走得更远。

三年后，母亲用积攒下来的钱买了一辆农用三轮车，有了三轮车，母亲不再满足于只卖些小商品，她找人焊制了挂服装的专用铁架，做起了成人服装生意。

那时的我最爱和母亲一起练摊卖货，我喜欢看那些款式新颖、色彩鲜艳的衣服，喜欢听母亲热情地介绍她卖的衣服如何经洗耐穿，喜欢看她一手钱一手货的过程。母亲是个有梦想且固执的人，而她的梦想就是一直未曾实现的读书梦。于是，我把心思全用到了学习上，后来，我考上了石家庄的一所铁路院校。临走那天，母亲用三轮车把我送到车站，那一次，三轮车成了我圆母亲梦想的最好"礼物"。

大学毕业后我踏上了工作岗位，每次电话里母亲都告诫我要爱岗敬业，学好技术。我谨记母亲的教诲，很快便熟练掌握了铁路通信、信号两个专业的相关技术，顺利考取了国家软件设计师、系统分析师证书，多次获得公司先进生产者、青年岗位能手等荣誉。岗位上的不懈奋斗让我在实现人生价值的同时，更享受到小康生活的惬意，2010年我拥有了一套自己的房子；2014年国庆节我开着崭新的小轿车回到家乡，母亲轻轻抚摸着车身，目光中充满了自豪；2018年，我把母亲接到莱钢，日行千里，飞驰的车轮让母亲感知梦想实现后的幸福滋味。我带母亲参观高大厂房，为她讲述钢铁冶炼过程，探访绵长的钢铁动脉，倾听列车的轰鸣声响，母亲眼中流露出惊叹和希冀。一个月后，因放心不下家里，母亲回了老家。母亲叮嘱我要好好珍惜现在拥有的一切，踏踏实实干好工作，认认真真地经营好自己的生活。

梦想之大，上升到国家民族，是国泰民安、国富民强；梦想之小，散落到平民百姓，是日子越过越好，生活越过越幸福。自行车轮承载着母亲的脱贫梦、三轮车轮寄托着母亲的读书梦、汽车轮上实现了母亲的小康梦、飞驰的列车轮寄予着莱钢的强企梦……万涓成水、汇流成海，这些点滴之梦，聚集在一起就是一条复兴之路，一个伟大的"中国梦"。改革开放四十年，有千千万万个中国人像我的母亲一样怀揣着

梦想的种子，深深汲取着梦想带给他们的力量和能量，一路追逐，在实现自我价值的同时，享受着时代的馈赠，见证伟大祖国蒸蒸日上、繁荣富强。

张爱华（运输部）

三代人的强企梦

每个人都有自己的梦想，这梦想或伟大或渺小，都描绘着人们心中最美好的图景，烙刻着时代最深沉的印记，我们一家人的梦想，从爷爷那一辈开始，就与莱钢的建设和发展紧紧联系在一起。

20世纪70年代，在"毛主席挥手我前进"的时代，"到三线去，到毛主席最放心的地方去"成了许多有抱负的年轻人最热切的梦想。于是，爷爷从部队转业，来到了当时还是荒山野岭的莱钢，投身到了三线建设的热潮之中。那时候的生活条件非常艰苦，吃的是窝窝头，偶尔能吃上顿馒头，就算是改善生活了；住的是仓库、窝棚，夏天漏雨、冬天透风，就是在那样的环境下，爷爷那一辈人用铁锹、大锤和独轮车，靠着肩挑和背扛，硬生生地在莱钢这个小山坳里建起了高炉厂房，迈出了莱钢发展史上的第一步。每当我问起爷爷有没有后悔到莱钢工作，他总会笑着说："那时候的我们，思想都比较单纯，就是想着赶快把咱们的 701 工程干好。"我没有经历过那个艰苦的时代，自然不能充分体会那一辈人的想法，但从爷爷身上，我能感受到一种梦想的力量，那是战天斗地、勇往直前的坚定信念，也是脚踏实地、干事创业的无限激情，正是这种力量，挺起了莱钢拔地崛起的脊梁。

80 年代初，爸爸那一辈人走进工厂，成了新一代的钢铁工人。"全厂齐动员，奋战八三年，甩掉亏损帽，开创新局面"，爸爸依然记得刚入厂的那一年喊出的铮铮誓言。也就是在那一年，凭借着广大干部职工的苦干实干，莱钢实现了扭亏为盈，从此，1983 年就成为了历代莱钢人心中最永恒的回忆。爷爷常对爸爸说，你赶上了好时候，可一定要好好干啊。爸爸在高炉上干的是设备维修工作，虽然不是炼铁、炼钢的一线岗位，可老爸却常说，设备维修也是重要岗位，一旦设备运行出了故障，生产也会跟着出问题，即使当一个普通的维修工，也不能有一丝一毫的懈怠。老爸是这么说的，更是这么做的。在我童年的记忆里，他总有忙不完的工作，家里安装了电话，也成了他的设备维修专线。只要班上有事打来电话，无论是刮风下雨，还是凌晨深夜，老爸总是随叫随到。就这样，老爸在维修工作岗位上，一干就是30多年。从老爸身上，我不仅看到了爷爷那辈人百折不挠的艰苦创业精神，更看到了新时代钢铁工人在平凡的工作岗位上，勤于学习、甘于奉献、勇于创新的开拓进取精神。

如今，我们的企业已经走过了50年的风雨历程，爷爷已经快80岁了，从原来意气风发的帅小伙，成了现在白发苍苍的老人。提起今天的幸福生活，提起我们型钢炼铁的全国冠军炉，爷爷总会说，这是他年轻时连做梦都没想过的。是啊，我们这一代青年人，真的是赶上了比老爸那一辈人更好的时候，全面深化改革转型、加快新旧动能转

换为我们的企业插上了浴火腾飞的翅膀，也为我们青年职工展示个人才华、实现人生价值搭建起了更广阔的舞台。

一代人有一代人的使命，一代人更要有一代人的担当。有梦的青春最美丽，奋斗的青春最无悔。今天，我们新一代莱钢职工，已经稳稳地接过了父辈们手中的接力棒，正在实现中国梦、强企梦的新征程上，顽强拼搏、加速奔跑，正以新时代青年职工应有的责任和担当，书写着建设魅力山钢、打造国际一流强企的新篇章。我们要用实际行动向这个伟大的时代证明：我们莱钢人、我们青年人都是好样的！

周 珺（型钢炼铁厂）

我为中俄"元首项目"炼精品

2018年5月7日，满载2000余吨俄标H型钢的列车从山钢发往俄罗斯，这些钢材将应用于俄罗斯阿穆尔天然气加工项目，也就是AGPP项目，因为是在中俄元首共同见证下签订，也被称之为中俄元首项目。

那一刻，泪水模糊了我的双眼，这是高兴的泪水，我为山钢制造走出国门，应用在世界级工程，为国争光而感到自豪。这是欣慰的泪水，因为这些钢材中，有我付出的心血与汗水，寄托着我建设高质量发展钢铁强企的梦想，那一刻，我真切地感觉到：我的强企梦与中华民族伟大复兴的中国梦，联系的是如此紧密。我为山钢自豪！我为祖国骄傲！

在中俄元首项目中，我们提供的是一种耐低温、耐腐蚀海洋石油平台用钢，是一种高质量、高附加值的品种钢，是山钢目前生产的最高级别钢种。因为我所在的团队曾经生产过亚马尔项目用钢，又获得过全国五一劳动奖状，于是，这个钢种的生产重任交给了我们。

该钢种要求磷含量非常低，国内都采取滑板挡渣降磷，我们的转炉设备是小吨位转炉，根本不具备这一条件。怎么办？大家一筹莫展，甚至打起了退堂鼓！办法总比困难多，只要干就会有办法。2018年1月份，正是一年中最冷的时候，为了采集数据，我们对每一炉钢的放钢过程进行研究，钢水温度接近1600多度，放一炉钢需要3分钟，我们就站在离炉口不到2米远的地方，观察整个放钢过程，环境温度接近零下10度，后背冷飕飕的，脸却被烤得火辣辣的疼，前热后冷，忽冷忽热，我们很多人都感冒病倒了，但是大家谁也不休息，打完吊瓶就上现场的事，并不稀奇。经过反复实践和摸索，我们用挡渣锥替代滑板挡渣工艺，不仅成功解决了这一瓶颈问题，还获得了国家专利。

设备上的问题解决了，钢水质量不稳定的问题又出现了。因为原有操作模型已经不能适应冶炼要求，我们想到了智能炼钢，没成想，因为小吨位转炉不仅炉子小，现场空间也狭小，本来已经非常成熟的智能炼钢技术，没了用武之地。就如同黑夜中看到一束光又突然熄灭一样，真的是很绝望。情急之下，我想到了激光烟气分析检测技术，虽然这项技术只是在很多论文、会议上有介绍，还没有付诸实践。但有一线希望也要试！我们24小时跟班，把转炉冶炼的12分钟拆解开来，以一分钟为单位，运用精益管理工具和方法，查找智能冶炼的规律，1分钟内需要观测的数据有上百个，12分钟就是1200多个，每个数据都要反复演算和修正，不能有丝毫的差错。经过上千炉的试验，120万条数据信息的积累，终获成功，我们成为国内首个采用激光烟气分析检测技术进行智能炼钢的企业，整个冶炼过程全部由电脑控制，全程无人干预，不仅彻底根除了人工操作控制不精准，钢水质量波动大等问题，与传统智能炼钢技术相比，冶炼1吨钢还能降低1块多钱，年降成本近400万元，该项技术也获得了中国钢铁工业协会冶金科技进步奖。

设备的瓶颈打通了，工艺的问题解决了，产品的质量也就有了保障。我们成功批量生产了中俄元首项目用钢5万余吨，直接经济效益1.56亿元。

追梦需要奔跑，圆梦需要奋斗。为中俄元首项目炼精品，炼出了士气和豪气，近年来，在我和工友们的共同努力下，相继开发新产品200余项，产品成功打入航空航天、国防军工、核电工程、北京新机场、港珠澳大桥以及海洋石油平台等国家重点工程，助力打造大国重器。成功进入壳牌石油公司、维斯塔斯等世界知名企业，是国际公认的顶级产品。从中国到世界，从南海到北极，我们凭借卓越的产品性能，为"中国制造"增添光彩。中国梦，强企梦，我的梦！祝愿我们的山钢兴旺发达！祝愿我们的祖国繁荣富强！

刘 扬（炼钢厂）

"画"说莱钢

熟悉我的朋友都知道我的网名叫画语，因为我是油画专业出身，所以我很喜欢用我自己的"语言"——油画，来表达我内心的感受。

那年春天，我第一次参与莱钢美协组织的活动，恰逢是组织大家回忆莱钢"701"，当我看到这些珍贵的文字和影像的时候，我就已经被深深的震撼了。当时我的脑海里便浮现出了一幅援建七零一大会战的场景，仿佛我也是其中的一员。

那么什么是"701"呢，准确来说，应该叫"山东省 701 工程指挥部"，也就是咱莱钢最初的名字。那时候，第一铁厂是 50 立方米的高炉，第一钢厂是三吨的电炉，是保密的三线军工企业。而"620"则是 20 世纪 70 年代省内最大的高炉，炼钢厂建设的是 30 吨转炉，还有省内最大万吨水压机，这就是莱钢当时的基本生产能力，也是计划经济最后的年代。

在那个年代生活是异常的艰苦，由于物资匮乏，只能建芦苇房子，再加上大通铺，便算是有了宿舍。即便是条件好点的也只能有两间石头房子。一家人依偎在黑暗潮湿的小屋里过着平静的日子，伴随生活的还有很多小动物的存在，像老鼠、虱子、臭虫、跳蚤、蟑螂等。

到了夏天，40 多度的高温，常常让人夜不能寐。而冬天，室内和室外是一样的温度，最冷的时候，那是要靠搓手和跺脚来取暖。吃的则是玉米面饼子、地瓜面窝窝头、地瓜糊糊。

　　然而就是在这么一片荒地上，就有这么一群年轻人，响应党的号召，到最艰苦的地方去，成为莱钢的第一代建设者，他们把热血洒在了这片土地上，把青春献给了莱钢、献给了祖国。

　　转眼间 40 多年过去了，在奋斗的征途上，从来不缺少责任和担当，正是由于这些第一代拓荒者们所具有的勇于担当和不怕付出的"拓荒者"精神，才有了我们的今天。

　　看到这些我觉得我得做些什么了，随着这一代人的渐渐逝去，他们或许没有被大家所记住，但我觉得他们当年做的这些事情，必须得记录下来，至少是用我的方式记录下来——画。

　　于是，我带着这些过去的故事，并收集了一些资料以后，便开始以一个三线子弟的视角进行创作。

　　这幅油画的名字叫《拓荒者》，表现的就是我心中当年援建 701 工程，知青们浩浩荡荡前往建设支援的一个场景。

创作初期，我画了很多，但是总觉得很难准确表达我内心的这份感受。

当年的这些知青们响应毛主席的号召，怀揣着祖国的钢铁事业，来到了这个位于泰山脚下、银山深处偏远的小山沟里。

大家可以跟我一起想想看，三十万建设者如潮水般的涌进了工地，这是多么伟大而又壮观的一个大会战的场景，是不可能用一两句话说完，一两幅画就画完的。

最后，我考虑画一个系列，就是从"到莱钢""建莱钢""赞莱钢"，再到最终我眼中的莱钢，带领大家重走一遍当年那个艰苦创业的时光旅程，让我们更加珍惜现在的生活，努力工作，同样也要把我们的莱钢建设得更加美好。

谨以此献给那些所有怀揣三线情结的人，并缅怀那些长眠于此的三线建设者们，这就是我的"画"说莱钢。

洪 刚（宽厚板事业部）

我也接了爷爷的班

2018 年 7 月 1 日晚，新兴大厦一间餐厅里热闹非凡。爷爷奶奶、爸爸妈妈、叔叔婶婶一家，纷纷把目光聚焦在我身上，叮嘱声，祝福声，声声入耳。最激动的是 85 岁的爷爷，他颤抖着手端着酒杯对我说："上班了！好啊！好啊！小宇也接了我的班了。好好干！"这一声声叮嘱，这一声声祝福，让我突然意识到肩上有了责任：我，长大了。

这是我的家人为我回到莱钢工作，成为一名莱钢职工而举办的一场普通的家庭聚会。从此，我成为了一名钢铁工人，成为了传说中的"钢三代"。

20 世纪 70 年代初，爷爷还是一个地地道道的张庄农民。那一年，莱钢在"加强战备"的背景下开始了建设。我的爷爷像来自全国全省各地的建设者一样，加入了建设大军，成为莱钢的第一代建设者，一干就是一辈子。我们都知道，那个年代物资匮乏、全靠人力。爷爷那一辈莱钢人，靠着"与天斗其乐无穷，与地斗其乐无穷"的乐观，靠着"铁锹和小推车"的简朴，靠着"双手加汗水"的执着，让一座钢铁工厂拔地而起，实现了创业梦想。

1990 年，我的父亲从技校毕业，成为一名炼铁工人，同时成为了钢二代，继续接受铁水的淬炼。记得那年夏天，父亲下班回家手臂上绑着绷带，浓浓的药味散发出来。原来，父亲不小心被火花落到手臂上，

工作服被烧穿，胳膊也被烫伤。父亲自己解开绷带，小心翼翼地换药，还不时发出丝丝的声音。母亲见状很是心疼，急忙为父亲绑好绷带。没想到前脚绑好绷带后脚手机便响了，父亲急忙接了电话，没说两句便穿好衣服赶回班上了。父亲性格内向，很少说起工作的事，我只知道家里的抽屉常年备着各种治疗烫伤的药膏，只知道我们家生活渐渐好了起来，慢慢换了大房子，还有了手机和电脑。莱钢，经过 40 多年的发展，跻身全国钢铁强企之林，成为无数钢铁人骄傲的家园。

2018 年 7 月，我毕业回到莱钢，成为棒材厂一名普通电工。刚刚步入工作岗位，我也做好了思想准备，决心要接好爷爷和父亲的班，轰轰烈烈大干一场，在我青春的芳华里，留下梦想和追求的底色。

但理想很丰满，现实很骨感。刚入厂，就颠覆了我的认知，与过去实习的公司相比，车间里嘈杂的噪声、高温的烘烤、闷热的环境，都深深刺激着我，让我闷闷不乐。回到家后，父亲似乎看出我心中所想，便对我说："不要觉得你现在的条件艰苦。想想当年你爷爷工作的情况，想想我工作时的场景，现在已经发生了多大的变化啊！你是一名莱钢人，让工作环境变得更好，也是你的责任啊！"

是啊，让工作环境变得更好，是我义不容辞的责任啊！如果说，亲人的祝福让我认识到我已长大成人，应该担负起安身立命、养己养家的责任，父亲的话，让我认识到，我应该担负起发展企业、建设企业的责任。我已经接过了父辈手中的接力棒，我应该奔跑向新的目标，完成新的追求和梦想。

我开始认真对待我的工作，跟着师傅虚心学习业务知识、熟悉现场，从简单的接线送电到设备点检都逐渐熟练掌握。我也积极参加厂里组织的各项活动，让自己慢慢融入这片生长钢铁的热土中。

如今，爷爷已经变成一位每天背着手拿着马扎晒太阳的白发老人，有时也会拉着我的手对我说起当年的建设往事，爷爷那粗糙的手掌、厚重的老茧，那是拓荒者的勋章，里面包含的是第一代莱钢人满腔热血艰苦创业的忠诚和深情。父亲仍然话语不多，只是关键时刻三言两语的点拨，让我点燃奋斗的激情。父亲手上烫伤留下的疤痕，斑驳的皮肤，那是建设者的勋章，里面包含的是第二代莱钢人自强不息开拓创新的担当和情怀。

在棒材厂共青团工作表彰会上，我上台领奖，收获了优秀团员的荣誉证书。与"劳动模范""十大工匠"相比，这个荣誉实在是微不足道。但是它于我，是对我工作不到一年的最大奖赏，它鞭策我、鼓舞我，让我在平凡的工作岗位上，不忘初心，勇于担当，继续奋斗！

李翔宇（棒材厂）

家 在 银 山

2018 年 7 月的一天，带着满腔热忱，我回到了银山脚下——莱钢这片生长钢铁的热土。穿上了这身梦寐以求的工装，完成了从学生到工人身份上的转变。如果奶奶能看到的话，该多好啊。

我的奶奶一直在为这个家默默操守着。都说隔辈亲，那么作为家里年纪最小的孩子，从小就娇生惯养生活在奶奶的怀抱里便是一件再正常不过的事情。

那时候，家里生活并不富裕，奶奶每次带我出门都会翻箱倒柜地从柜子最底下取出一条深蓝色的手帕，用她年迈的双手一层层地拨开那犹如宝藏一般的"私房钱",取出藏在里面零零散散的几元钱,然后再小心翼翼地放回原处。这就是奶奶给我的爱。

奶奶的一生,无欲无求,她只想让我们一家人过得幸福,每当家里人都出去工作,奶奶就会抱着我哼着歌,坐在院子里给我讲她和爷爷的故事。

爷爷年轻时读过些书,在那个年代是十里八乡有名的俊后生。那时的爷爷满腔抱负,在青岛铁路局工作。常常为了铁路上的正常运转,连续几天几夜不休息。奶奶虽没什么文化,但也绝不是所谓的"小脚老太太",一直鼓励爷爷在外面努力工作。她总说:"男爷们在外面忙事业,俺这女人家帮不上忙,可也不能添麻烦!"这就是一个男人的家国情怀和她背后的女人默默的支持,才有了我们现在这样幸福的生活。

父亲常说:"我的奶奶是一天福都没享过就走了。我还没成家那会儿,她每天都会给我准备早饭,可是我常常以赶时间、面条热等借口搪塞她。后来,她会把煮熟的面条放在凉水里,为的就是能让我吃口饱饭去上班。"人说晚年是夕阳,但这夕阳却为我们散发着晨曦的光芒,我又何尝不是和父亲一样,对奶奶心怀愧疚呢。

细细品来,我们好像总是记得好男儿励志当高远,往往忽略了那子欲养而亲不在的落寞。所以,不管今后走到哪里我都要回到这片生我养我的土地上来,和亲人在一起,建设我们自己的家园,这就是我能给奶奶最大的回报。

我是地地道道的银山的孩子。那时候村民们看天吃饭,一年到头就指着那本就不多的田地居家过日子,就连父亲上班的那辆自行车,还是奶奶用家里的一头老母猪换来的。

得益于莱钢的建设和发展,那原本荒无人烟的银山现在是全国闻名的工业重地。村里人也都因此富裕起来,家家户户换了新房,买了

新车,村里还盖起了老年人活动中心、校车候车室、文化广场等众多惠民设施。逢年过节的面粉、大米、花生油这看似平常的生活用品就是给我们老百姓最好的礼物,就更别提年底分红的大好政策了。如果奶奶能看到这些,该有多好啊!

外面的世界是多姿多彩的,可那里却没有我的家和奶奶。梦想可大亦可小,"实现中华民族伟大复兴"是我们全体国人的梦想。而我也有自己小小的梦想,那就是:永远和家人在一起,建设我们的美丽家园,建设魅力山钢。

郭 城(特钢事业部)

相聚红旗下　永远跟党走

甲：风一更，雨一更，

　　嘉兴南湖的红船在欸乃的桨声灯影中，

　　穿透迷雾，逶迤前行。

　　古老东方五千年历史的天空，

　　从此，冉冉升起一颗最明亮的星。

乙：十三个目光深远的汉子，风云际会，忧心忡忡。

　　斗尺之间，谈天下，论英雄，

　　青布长衫下，对红色的渴望，

眉宇之间对共产主义的憧憬，

让我们的党在九百六十万平方公里的土地上，

悄然播种。

甲：风一程，雨一程，

夸父追日的漫漫征途上，共产党人前仆后继，气贯长虹。

哪怕枪戟如林，不管血雨腥风，

铮铮铁骨被不屈的信念锻打成射落天狼的弯弓。

乙：镰刀和斧头的涵义，我以前不懂。

从父辈的口中，我渐渐明白，

家和国的分量，

知道了她绣在红旗上的神圣。

甲：忘不了，南昌城头的枪声，

和秋收暴动的红缨；

忘不了，毛主席去安源的路上，

风雨如晦，行色匆匆；

忘不了，井冈翠竹摇曳着朱毛会师的欢笑，

黄洋界上的炮声，

把"枪杆子里面出政权"这一颠扑不破的真理，

响亮的证明。

乙：忘不了，五次反围剿失利和两万五千里长征；

忘不了，四渡赤水的出神入化、飞夺泸定桥的电闪雷鸣；

雪山、草地、娄山关，锷未残，离天三尺三；

忘不了，遵义会议拨乱反正，

让我们的党涅槃重生，

黄土地孕育的中华文明在黄河边与中国红交融图腾。

甲：忘不了，延安宝塔山和毛主席窑洞里彻夜不息的油灯；

忘不了，南泥湾和朱总司令纺线的自力更生；

忘不了，抗倭杀贼，忍辱负重，

八路军、新四军，中流砥柱，

西安事变，大智大勇，

这就是我们的党，

她已深深镌刻在民族危难和千百万中国人的心中。

乙：我喜欢《地道战》《地雷战》中，

打得鬼子满地找牙的游击队，

也读懂了二小放牛娃、刘胡兰的大义凛然和勇于牺牲，

三大战役，气吞万里如虎的滚滚铁流，

百万雄师过大江的千帆竞渡，万炮齐鸣，

都让我，久久不能平静。

这就是伟大的中国共产党，

她已深深扎根在我的心中。

合：伟大的中国共产党啊，已深深扎根在我的心中。

甲：每次响起《五星红旗》这首歌，

我仿佛听到了，

天安门城楼上那穿越时空的庄严宣告；

每次响起这首歌，

我仿佛看到了，

万山红遍，层林尽染，

华夏大地到处涌动着红色的波涛。

乙：五星红旗下的天空，花如海，歌如潮。

没有共产党就没有新中国，

这是最完美的注解，

更是最光辉的写照。

伫立在天安门广场，

我的心也随着五星红旗飘啊飘，

因为我知道，

我的血管里流淌着长江、黄河，

作为中国人，

我自豪，我骄傲！

合：作为中国人，我自豪，我骄傲！

甲：党啊！我想对您说，

从新民主主义革命到两弹一星，

从三年自然灾害到抗美援朝，

只要有你在，我们的红旗就永远不倒！

乙：党啊！我想对您说，

四十年改革开放，

从邓小平理论，到三个代表，到科学发展观，

再到新时代中国特色社会主义思想，

与时俱进的您，

永远充满活力，

永远青春年少！

甲：党啊！我想对您说，

长江洪水您力挽狂澜，

汶川地震您扶大厦于既倒，

国难兴邦，

我们相信您的领导！

乙：党啊！我想对您说，

接过红旗，继承事业，

跨世纪的我们，

一定会做得更好！

合：相聚红旗下，永远跟党走！

赵晨曦　赵　菁（型钢炼铁厂）

一名老共产党员的"坚守"

"煤气快切阀要结合检修定时进行实验"

"新改造的精轧主传动要随时注意运行稳定性"

"粗轧主电机温度要重点关切"

在莱芜分公司型钢厂中型线现场有这么一位"婆婆嘴""跑断腿"的职工，每天沿着生产线每个工序、每个岗位都要从前到后跑好几遍。他就是王金鹏，山钢股份莱芜分公司型钢厂中型轧钢车间党支部书记。这名有着 32 年党龄、年近 55 岁、还有 5 个月就要退休的老共产党员，如何变成了我们心中的"勤快人""细心人""放心人"和"智能人"的呢？让我们一起来听听他的故事。

闲不住的"勤快人"

熟悉王金鹏的人都知道，他是微信中的"运动达人"，每天3万步左右的数据始终"霸屏"。这些步数中，除了每条早上坚持跑步锻炼的1万步外，剩下的2万多步都是在生产现场走出来的。"现场出真知"这是王金鹏的座右铭。一趟现场走下来，哪个电机的运行声音异常、哪个变压器的温度过高、哪个联轴器连接不合适、哪个配电柜运行存在风险、哪个职工工作状态不佳等，现场的基本情况都摸个"门清"。职工郭立说："虽然王书记都快退休了，但每天在现场还都能看到他的身影，现场的大事小情总能全面掌握，是我们车间名副其实的'勤快人'，他的这份敬业精神值得我学习一辈子。"是啊，这种敬业精神值得我们每一个人学习。

管得住的"细心人"

王金鹏是"细心人"，和他一起工作过的同事都这么评价。王金鹏参加各类会议时，会议记录本上都准备一支中性笔和一支彩色荧光笔，中性笔用来记录会议的内容，而会议内容中哪项工作需要重点开展、哪些工作需要重点推进等，他都会及时用彩色荧光笔标注出来。30年如一日，这份"细心"一直坚持到现在。

车间一名青工，虽然年龄只有24岁，对工作消极拖拉，没有工作的动力，生活没有目标，常说："我现在的工作饿不死撑不着，就混退休了。"细心的王金鹏发现后，为了转变他的思想观念，多次与他谈心，针对90后的特点，分析年轻人的优劣势，通过深入浅出的思想工作，这名青工终于有所触动，目前成长为了班组的一名骨干。

他特有的"细心"，不仅仅在洞察职工的思想动态上，在保证生产顺行上他同样释放着"潜能"，中型线产品电磁吊是保证生产顺行的主要设备，一段时期频繁出现掉钢问题，影响生产顺行，危及人身安全。"细心"的他从根上找原因、查隐患，发现由于电池系统在行车上震动，导致故障增多，他提议"搬家"改造，将整套整流系统从行车上"搬"到地下，并在行车上增加一套直流滑线，自改造十多年来，从未出现过掉钢问题，从根本上消除了故障隐患。

靠得住的"放心人"

"党员就该冲在前、党员就该勇承担"王金鹏这么说的，更是这么做的。今年四月份型钢厂中型线进行了为期 18 天的设备年修，轧线传动系统改造是本次设备年修的主线项目，时间紧、任务重，更有日方工程技术人员的全程参与，改造成功与否也直接影响着中型线以后的生产顺行。王金鹏主动请缨担任该项目的项目组长，全面负责该项目的实施。在设备年修中他既是指挥员，也是协调员，更是战斗员，每天工作 12 个小时、现场步行近 3 万步，这对长年服用降压药、心脏出过问题的他来说个巨大的考验。一台台变频器的调试，一个个数据的核实，一环环工作步骤的协调，一条条数据线的焊接……都倾注了王金鹏的心血，最终圆满完成年修任务，保质保量一次试车成功。

难不住的"智能人"

"想干事""敢干事"是一名共产党员的基本品格，而"会干事""干

成事"则要靠一名共产党员的真才实学。型钢厂中型生产线全套电气
设备全部引进日本东芝技术，一次 BD 主传动系统出现故障，现场无
法进行生产。王金鹏凭着自己多年的经验积累，经过半个小时的摸排，
发现整流柜内风机转动时控制线路一个细小的控制线与高压母排产生
摩擦，造成瞬间短路，仅经过十几分钟的处理，就使难题迎刃而解，
恢复了正常生产。这只是王金鹏驾驭电气设备核心技术的一个具体缩
影，这些年来他完成的技改技措项目不计其数。

　　"虽然再有不到五个月我就要退出工作岗位了，但我觉得一名共产
党员啥时候都要始终牢记自己一名共产党员的身份，持之以恒的坚守
那份责任和担当，分分秒秒、全心全意为企业贡献自己的微薄之力！"
依然奔波在生产现场的王金鹏用最简单、最朴素的语言诠释了一名老
共产党员的"坚守"。

谭明林（型钢厂）

银山见证　真情永恒

王海州：我 1985 年参加工作，分配到银山脚下的带钢车间。那时的带钢还是一片繁忙的建设景象，老一辈创业者在这片热土铸造着莱钢未来发展的新希望。

孙典：我刚参加工作在南冶煤矿，当时的我虽然不知道"钢铁是怎样炼成的"，但我对这片生长钢铁的土地非常向往。

王海州：刚参加工作那几年，生产调试加之刚刚投产，整天扎在设备堆里，时间一长，车间主任看不下去了，给大伙说："这小伙子马上就成大龄青年了，赶紧给他说个对象。"后来，经人介绍认识了海贞，这个让我魂牵梦绕的姑娘。

孙典：听说他年纪轻轻就成为劳动模范，这让我还没见到他就增添几分好印象。那时候交通、通信不像现在那么发达，平常联系也只能通过"鸿雁传书"，见个面也得坐一个半小时的公交车，但这丝毫没有影响我们互相倾诉衷肠。

王海州：爱情逐渐升华，我们也到了谈婚论嫁的年纪，但结婚却找不到合适的地方。最后，我们把8平米的宿舍作为婚房。打扫干净卫生，门上窗户上贴了几个"囍"字，买了一些糖果、瓜子，然后跟同事、朋友们说一句，过来喝喜酒吃喜糖。

孙典：我们的婚礼没有婚纱、也没有教堂，在厂里餐厅举行了简单的仪式，老公的同事给我们做的主持人，车间领导做的证婚人，婚礼就这样简单的结束了，多年过去回想起来，仍然是满满的幸福。

王海州：这一年，带钢加热炉实施异地改造，我刚刚结婚就立刻投入到紧张的改造中，经过一个月的不间断紧张施工，新改造的加热炉顺利投入使用，带钢具备了年产40万吨的生产能力。这时，我忽然想到已经近一个月没见一直等我回家的新娘。

孙典：我知道，你忙，咱们莱钢正是大发展的时候，作为一名普通职工，更要为莱钢发展贡献一份力量。这一年，我也借着企业发展的东风来到了莱钢，终于圆了多年来成为一名钢铁工人的梦想。

王海州：1999年，"中华之光"名牌产品，"山东省质量免检产品"等荣誉和光环，让带钢在国内市场熠熠生辉。这一年，我们终于搬进了80平米的三室一厅，实现了曾经对美好生活的向往。

孙典：我知道，这是多少莱钢人拼搏的成果，又有多少人为了这一成果放弃了与家人团聚的时光。

王海州：海贞，你还记得吗？2008年，带钢迎来一次大的设备改造升级，我夜以继日靠在检修现场，而此时，老父亲被查出胃癌晚期，分身乏术的我只能在心里干着急。当时，你坚定的对我说"家里的事情都有我呢，班上的事情离不开你，你集中精力，注意安全。"我知道，父亲久病卧床，你长期弯腰照顾父亲，累到严重的腰椎间盘突出；父亲手术需要输血，你毅然冲在最前面，长期劳累的你差点晕倒在手术室门口。而这些时候，工作需要我，我一直都在生产现场。

孙典：我知道，工作需要你，家里，有我就够了，我会照顾好我们的家，而你也要全力以赴干好工作。

王海州：在海贞的支持和鼓励下，我连续六年荣获板带厂"劳动模范"，连续三年荣获莱钢"劳动模范"，并荣获莱钢"建功立业"奖章。

孙典：投产于1988年的带钢生产线，如今也已走过了31个年头。我们的故事也只是众多拼搏在一线带钢人的缩影，他们把青春奉献企业，推动了带钢的发展，铸就了企业的辉煌。目前，带钢生产线已经能够生产五金工具用钢、弹簧用钢等1900多个品种规格的产品，投产31年间，累计生产合格带钢2162万吨，更多品种全、质量高的带钢占

领大江南北的广阔市场。

　　王海州：企业的发展离不开我们每一名员工的辛勤劳作，国家的富强离不开每一个企业的支撑，所以，我们每一个人都是实现中国梦的接力者。

　　孙典：时光流逝，不变的，是那些难忘的记忆；岁月变更，不老的，是曾经艰苦奋斗的光辉岁月。

　　王海州：让我们踏着光辉足迹、迎着时代发展的东风，投身魅力山钢建设。

　　孙典：共同铸就我们幸福美好的新家园！

王海州　孙　典（板带厂）